Polyklet.
Das Œuvre des berühmten griechischen
Bildhauers im Spiegel der Dresdner Sammlung

Skulpturensammlung Dresden

SANDSTEIN

Polyklet.
Das Œuvre des berühmten griechischen Bildhauers im Spiegel der Dresdner Sammlung

Skulpturensammlung Dresden

Sascha Kansteiner

Herausgeber:
Staatliche Kunstsammlungen Dresden
Stephan Koja

Staatliche
Kunstsammlungen
Dresden

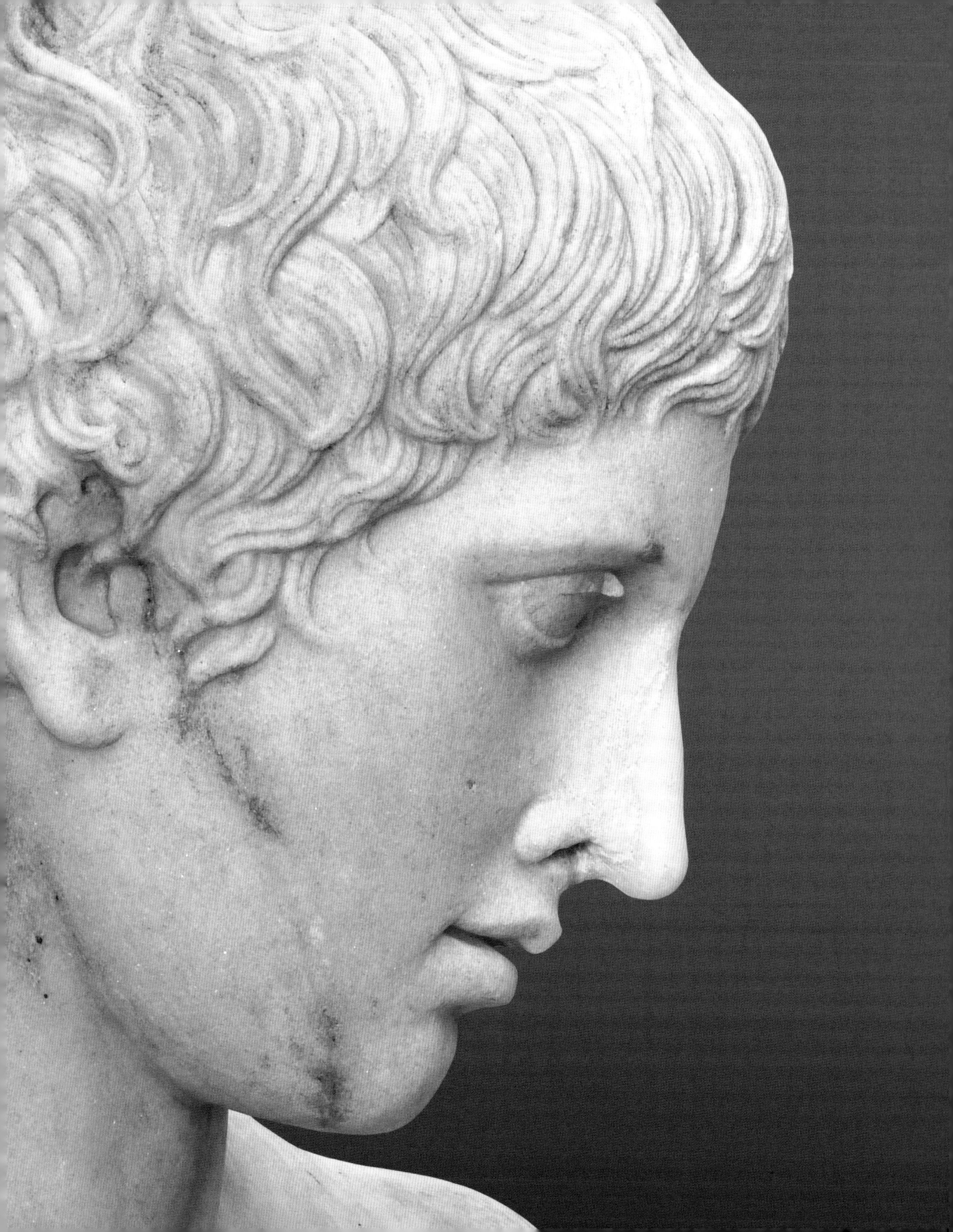

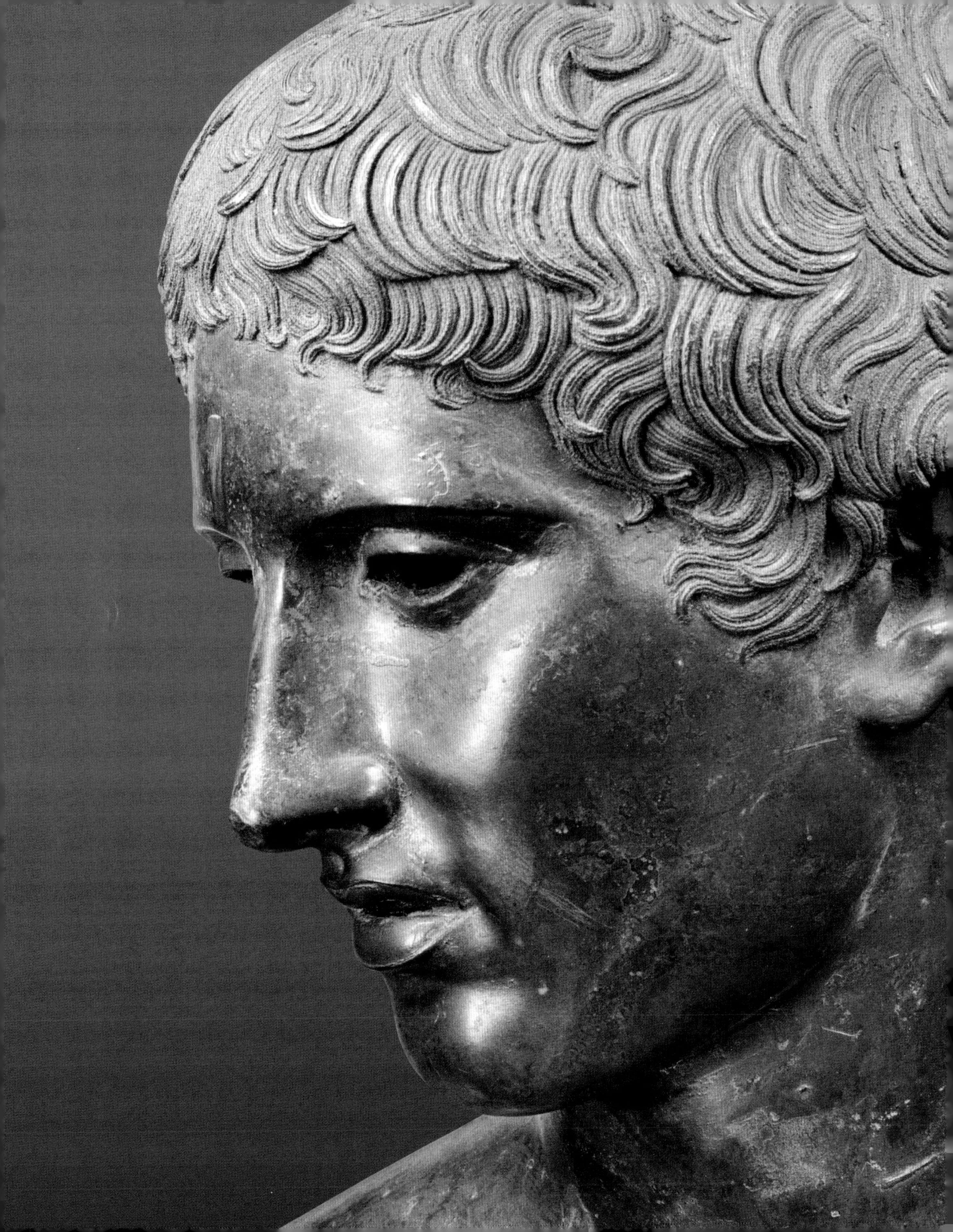

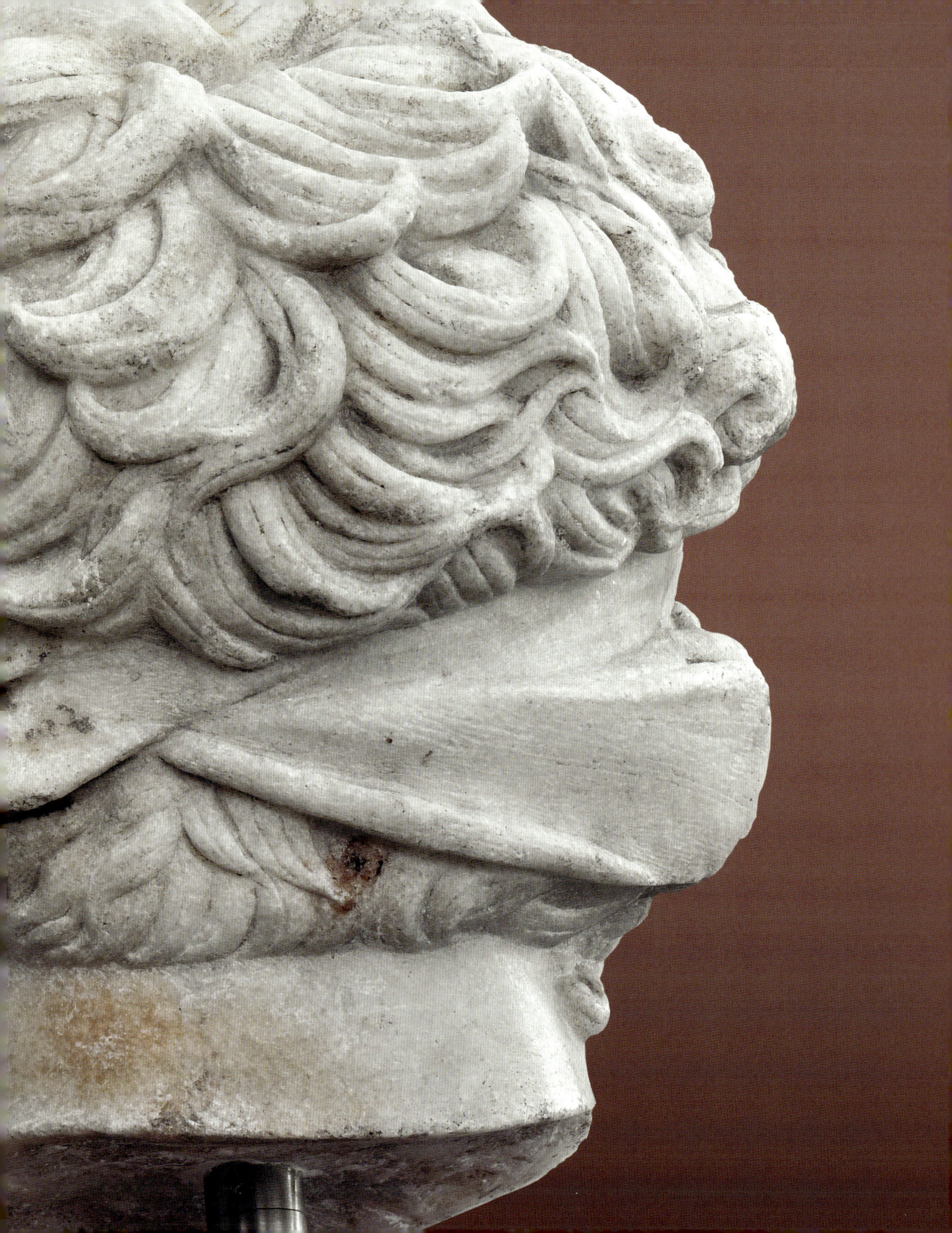

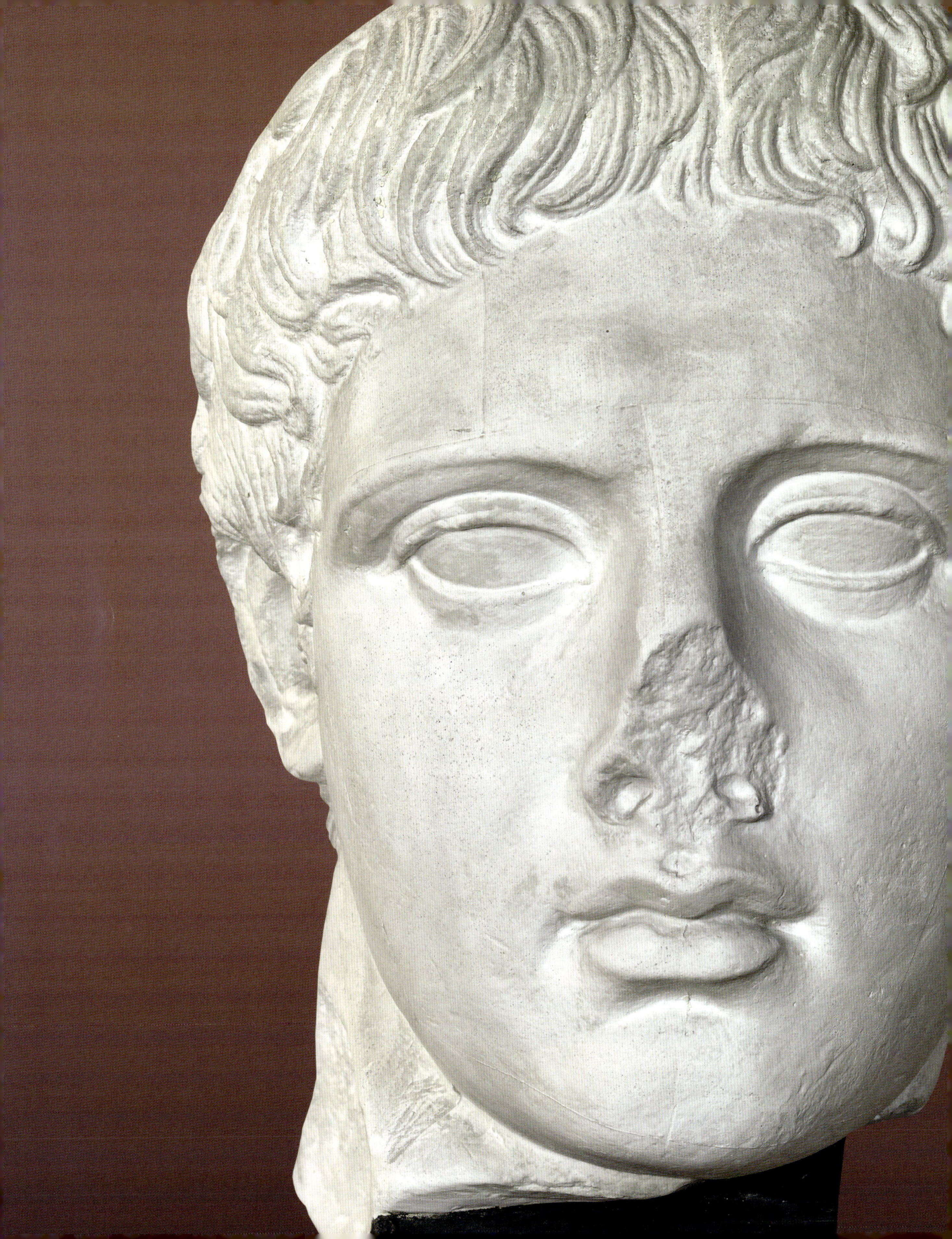

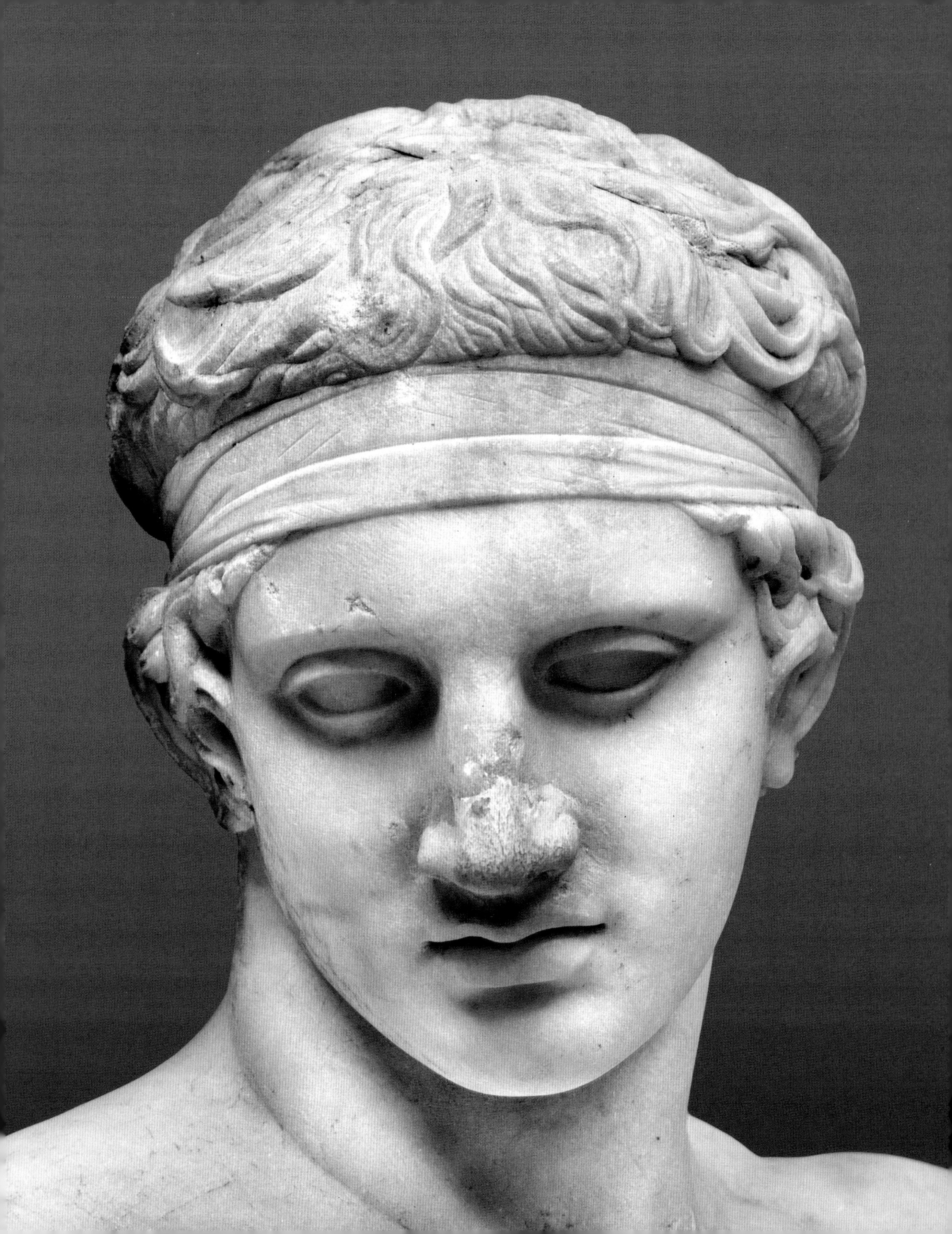

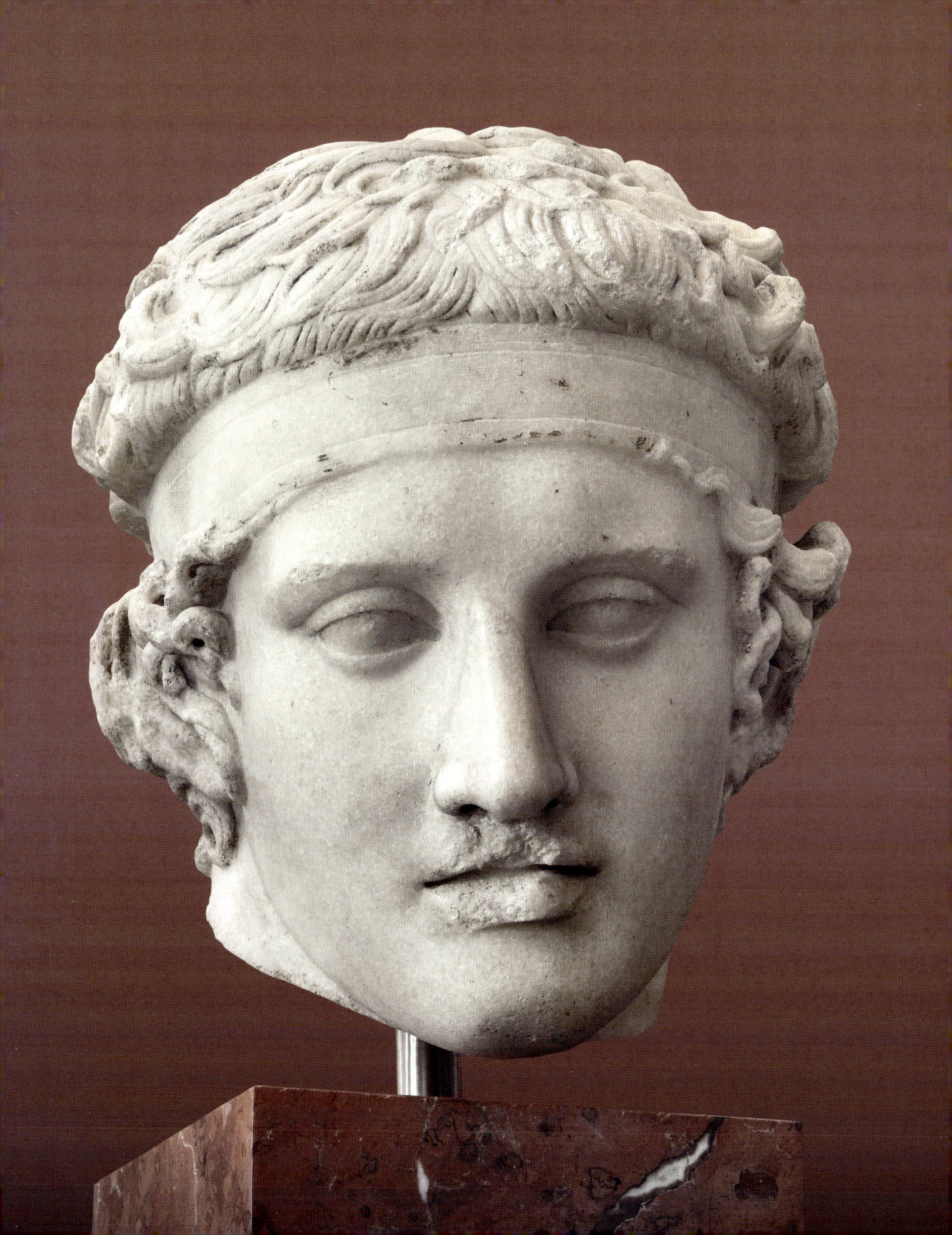

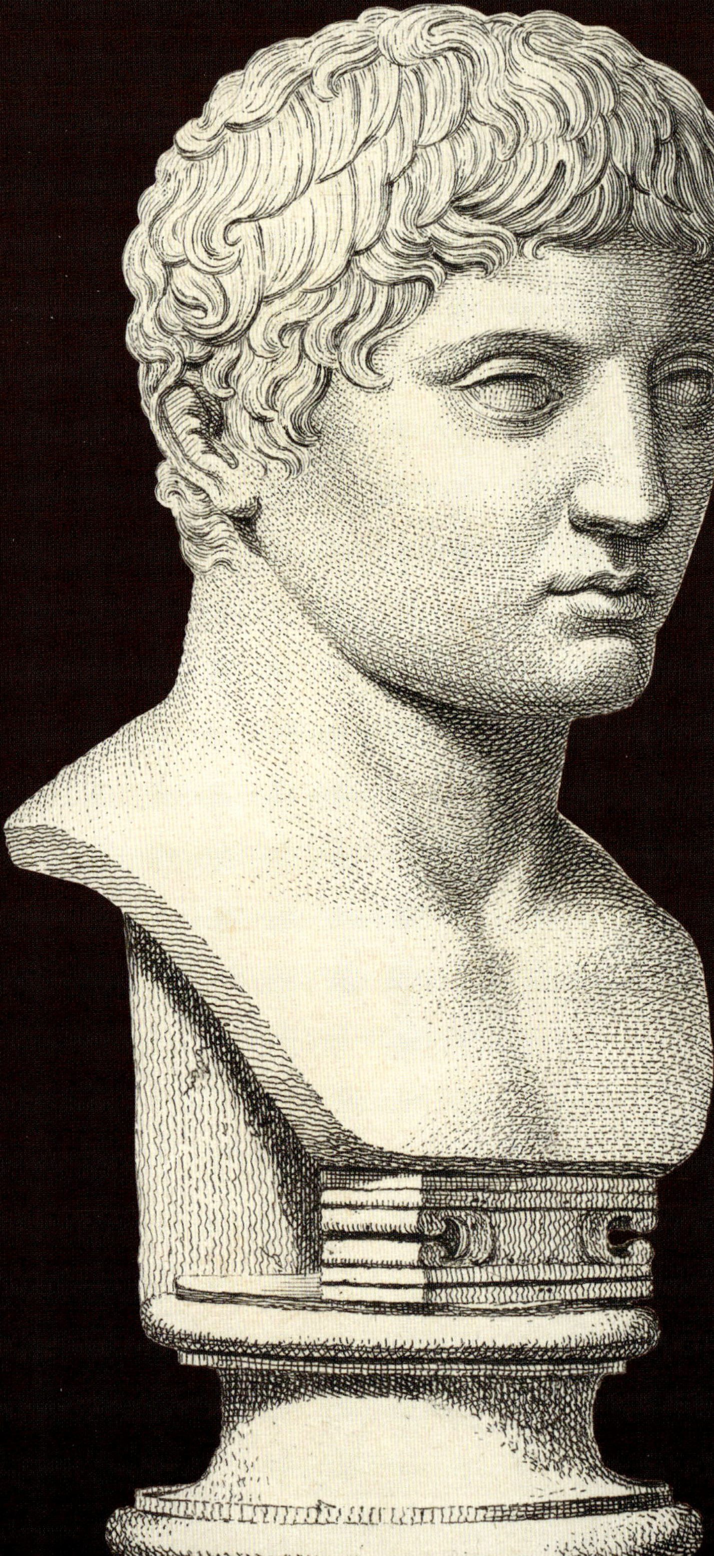

Inhalt

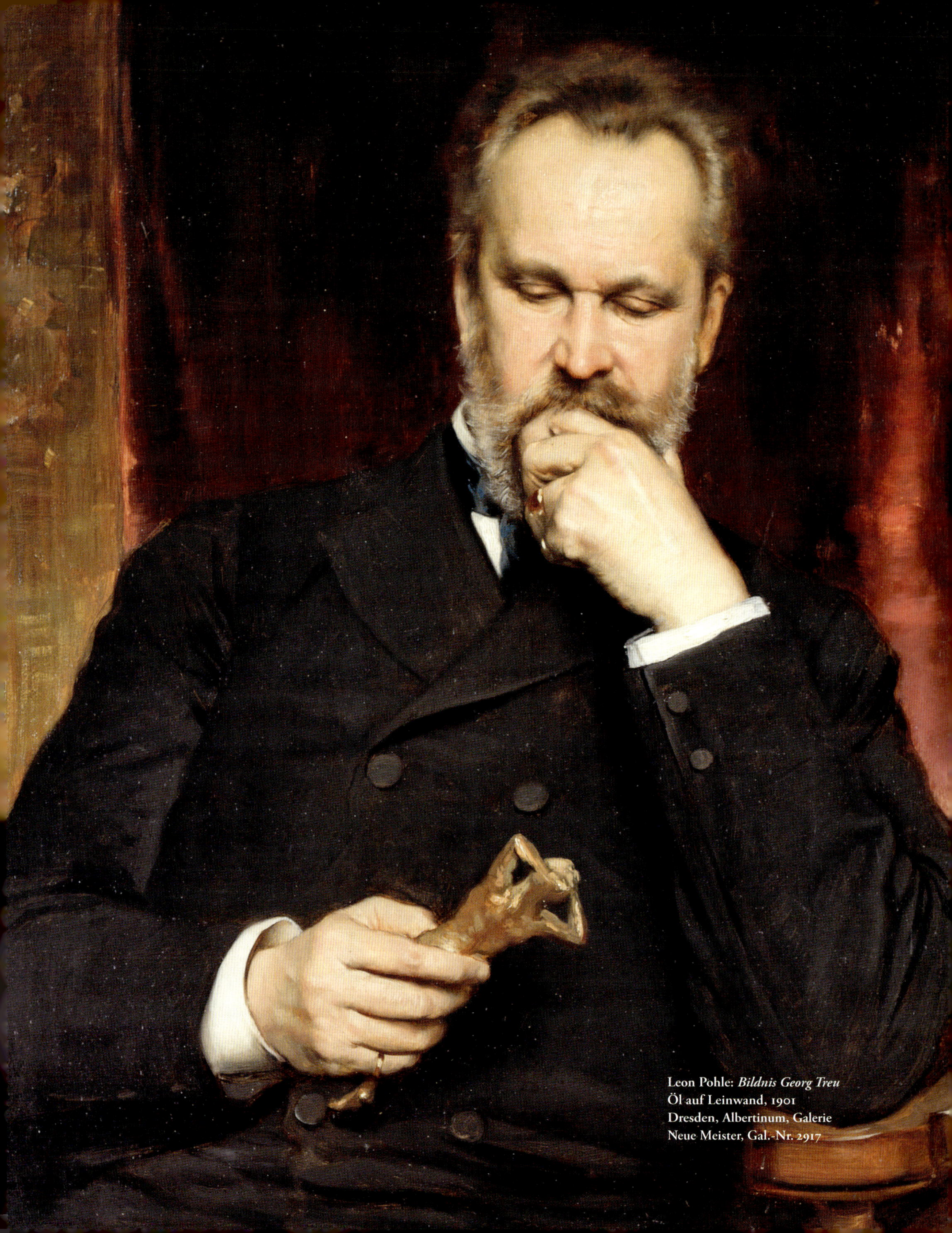

Leon Pohle: *Bildnis Georg Treu*
Öl auf Leinwand, 1901
Dresden, Albertinum, Galerie
Neue Meister, Gal.-Nr. 2917

Vorwort

Stephan Koja

Mit seinem Amtsantritt in Dresden im Jahr 1882 wurde Georg Treu (1843–1921) zum Direktor eines Museums, das über eine beeindruckende Anzahl hochkarätiger antiker Skulpturen verfügte. Was der damals bereits seit über 150 Jahren bestehenden Sammlung jedoch noch fehlte, war ein kunsthistorisches Ordnungsprinzip. Treu hat diesem Anliegen höchste Priorität eingeräumt und dafür gesorgt, dass die Besucherinnen und Besucher des Albertinums ab 1894 die Möglichkeit bekamen, die römisch-kaiserzeitlichen Bildwerke zur griechischen Bildhauerkunst klassischer und hellenistischer Zeit in Beziehung zu setzen. Die Voraussetzungen für solch eine Art der Präsentation waren damals noch nicht lange gegeben: Erst in der zweiten Hälfte des 19. Jahrhunderts war es vornehmlich der im deutschen Sprachraum beheimateten archäologischen Forschung nach und nach gelungen, die in antiken Texten enthaltenen Informationen zu griechischen Bildhauern und deren Schaffen mit Bildwerken zu verknüpfen, die sich in europäischen Museen befanden oder bei Ausgrabungen zutage traten. Die Überlegungen, die Treu zu den griechischen Bildhauern angestellt hat, mündeten unter anderem darin, dass er dem Schaffen der drei Bildhauer Phidias, Polyklet (beide 5. Jh. v. Chr.) und Praxiteles (4. Jh. v. Chr.) jeweils einen eigenen Saal des Albertinums (Säle IV–VI) gewidmet hat, in denen die Skulpturen bis zum Ausbruch des Zweiten Weltkriegs zu sehen waren. Im »Saal des Polyklet« gelangten insgesamt 34 Bildwerke zur Aufstellung, von denen nicht weniger als neun direkt mit dem Œuvre dieses Künstlers in Verbindung stehen.

Von Treus Auseinandersetzung mit den Bildhauern hoch- und spätklassischer Zeit zeugen außerdem einige Rekonstruktionen. Hervorzuheben ist diejenige einer Statue, die Polyklet von einem in Olympia siegreichen Athleten (Kat. 2) angefertigt hat. Über die Gründe, die Treu davon abgehalten haben, sich in schriftlicher Form zu dieser wichtigen Rekonstruktion und zu Polyklet überhaupt zu äußern, lässt sich nur spekulieren. Die 2020 erfolgte Neuaufstellung der antiken Bildwerke aus dem Bestand der Skulpturensammlung bot indes einen willkommenen Anlass, das Thema »Polyklet« neu zu überdenken und dabei Treus wissenschaftliche und didaktische Leistung ins rechte Licht zu rücken.

Jedwede Beschäftigung mit dem Schaffen des Bildhauers Polyklet sieht sich mit der Schwierigkeit konfrontiert, dass keine seiner Bronzestatuen im Original erhalten geblieben ist. Auch die vielen römisch-kaiserzeitlichen Bildhauer, denen wir genaue Kopien nach Skulpturen von der Hand dieses Mannes verdanken, haben in keinem Fall eine Inschrift hinterlassen, die mitteilt, wer der Schöpfer des Originals gewesen ist. Wenn hier nach längerer Zeit – die groß angelegte Frankfurter Polyklet-Retrospektive liegt mittlerweile mehr als 30 Jahre zurück – wieder einmal der Versuch unternommen wird, Polyklets Œuvre zu rekonstruieren, kann dies nur auf der Grundlage der altbewährten Methode der sog. Kopienkritik geschehen. Ausgehend vom Dresdner Bestand an antiken Skulpturen und Gipsabgüssen werden römisch-kaiserzeitliche Kopien in Form von Statuen, Torsi und Köpfen in den Blick genommen, die entweder mit Gewissheit oder aber zumindest mit hoher Wahrscheinlichkeit auf Bronzestatuen zurückgehen, die Polyklet im 5. Jh. v. Chr. geschaffen hat.

Mein besonderer Dank gilt Sascha Kansteiner, der sich mit Enthusiasmus und auf der Grundlage jahrelanger Vorarbeiten des hier vorgelegten Teilbestands der Skulpturensammlung angenommen hat.

Dank gebührt außerdem Claudia Kryza-Gersch (Dresden) und Jörg Deterling (Berlin), die das Manuskript einer kritischen Lektüre unterzogen haben, sowie Herbert Boswank für eine Reihe vorzüglicher Neuaufnahmen und Hans Effenberger für die restauratorische Bearbeitung etlicher Gipsabgüsse.

Ich freue mich sehr, dass die vom Sandstein Verlag umsichtig betreute Publikationsreihe zur Sammlung und den Ausstellungen der Skulpturensammlung mit dem vorliegenden Band ihre Fortsetzung gefunden hat.

Mögen die hier präsentierten Beobachtungen und Analysen dazu anregen, auch anderenorts mit der Suche nach polykletischen Werken fortzufahren, um eines Tages eine noch umfassendere Vorstellung vom Schaffen eines der bedeutendsten abendländischen Bildhauer zu gewinnen.

Einleitung

Einen Kernbereich der Dresdner Skulpturensammlung bilden Statuen, Statuetten und Büsten, die antike Bildhauer in der Zeit vom 3. Jahrtausend v. Chr. bis zum späten 4. Jh. n. Chr. geschaffen haben. Innerhalb dieses sehr weit gespannten zeitlichen Rahmens kommt den Schöpfungen aus dem 5. und 4. Jh. v. Chr., also denjenigen aus der Blütezeit der griechischen Bildhauerkunst, eine herausragende Rolle zu. Denn etliche der seinerzeit entstandenen Werke sind nicht nur in antiken Texten, vor allem in der *Naturalis historia* des Plinius (zweite Hälfte des 1. Jhs. n. Chr.) und in Pausanias' Perihegese, einer Art Reisebericht (zweite Hälfte des 2. Jhs. n. Chr.), gewürdigt worden, sondern auch, und das ist von essenzieller Bedeutung, kopiert worden: Bereits im 2. Jh. v. Chr. hat man in Griechenland damit begonnen, Statuen von der Hand berühmter Bildhauer abzuformen und mithilfe solchermaßen erzeugter Abgüsse zu Verkaufszwecken zu vervielfältigen. Kopiert wurden vorzugsweise Bronzestatuen: von Gottheiten und anderen mythologischen Gestalten, von Heroinen und Heroen, von Personifikationen, siegreichen Athleten, Dichtern, Philosophen, Politikern und Tieren. Die Größe der kopierten Originale betrug üblicherweise etwa 1,40 m (Knabe bzw. Ephebe in Lebensgröße) bis etwa 2,10 m (Gott oder Heros in Überlebensgröße). Gelegentlich sind außerdem auch Statuetten, also deutlich unterlebensgroße Werke, abgeformt worden sowie besonders große Skulpturen, zum Beispiel ein knapp 3 m großer Herakles von der Hand Lysipps (*Herakles Typus Farnese*). Bei Werken kolossalen Formats kam es, wenn überhaupt, nur zur Abformung von Details: Von der *Athena Parthenos*, einem knapp 12 m großen Werk des Phidias aus der Zeit um 440 v. Chr., hat man die Reliefffiguren der Amazonenschlacht abgeformt, mit der die Außenseite ihres Schildes geschmückt war. Auch Porträtstatuen sind häufig nicht als Ganzes, sondern nur auszugsweise abgeformt worden, um Teilkopien in Form von Büsten oder Hermen herstellen zu können. Kopiert wurden schließlich auch einige Hermen, etwa solche, die den Gott Hermes mit Vollbart zeigen, sowie reliefplastische Werke. Diese Produktion von Kopien berühmter griechischer Bildwerke kam erst nach über 350 Jahren, in der zweiten Hälfte des 3. Jhs. n. Chr., nach und nach zum Erliegen.

Da die Übertragung der Abgüsse in Marmor oder Bronze in der Regel mit großer, oft auch mit größter Sorgfalt praktiziert worden ist und da sich außerdem nicht selten gleich mehrere Kopien desselben Originals nachweisen lassen, ist die Forschung seit etwa 130 Jahren imstande, das Schaffen der bedeutendsten Bildhauer des 5. und 4. Jhs. v. Chr. zumindest in Teilen rekonstruieren zu können. Das auf diese Weise gewonnene Bild von der Meisterschaft griechischer Bildhauer wird durch einige wenige Originalwerke klassischer Zeit ergänzt, die entweder nie unter die Erde gelangt sind, wie die Koren vom Erechtheion auf der Athener Akropolis, oder in der Neuzeit wiederentdeckt wurden, wie die beiden im Ionischen Meer in der Nähe von Riace Marina gefundenen nackten Heroen aus Bronze, die heute im Archäologischen Museum von Reggio (Kalabrien) aufbewahrt werden. Einer der größten Glücksfunde ist die aus Marmor gearbeitete und im Tempel der Hera in Olympia freigelegte Statuengruppe von Hermes und Dionysos, die dank Pausanias' Erwähnung als Werk des wohl berühmtesten Bildhauers des 4. Jhs. v. Chr., des Praxiteles, bestimmt werden kann (Abb. 1). Diese Skulptur gehört, vielleicht wegen ihrer einstigen, heute nur noch zu erahnenden Farbgebung, zu denjenigen, die offenbar nicht abgeformt werden durften und demzufolge nicht in Kopie vorliegen. Anders verhält es sich mit den bereits erwähnten Erechtheion-Koren, die ebenfalls aus Marmor bestehen. Sie sind in der römischen Kaiserzeit, im 1. und 2. Jh. n. Chr., abgeformt und vervielfältigt worden, unter anderem für eine der berühmtesten kaiserlichen Villenanlagen, die im Auftrag von Kaiser Hadrian (reg. 117–138 n. Chr.) angelegte Villa in Tivoli (Latium). Leider gibt keine antike Schriftquelle darüber Auskunft, wer die Bildhauer der sechs attischen Koren gewesen sind und ob es sich bei ihnen um bedeutende Vertreter ihres Faches gehandelt hat.

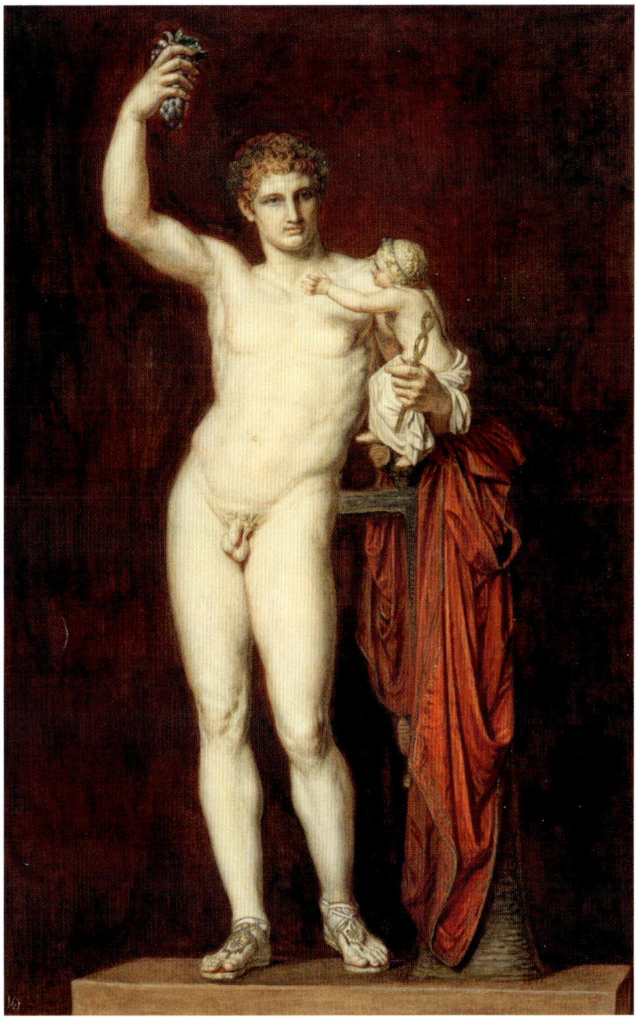

Abb. 1 Ludwig Otto: *Hermes des Praxiteles*
Aquarell, 1888, Dresden,
Archiv der Skulpturensammlung

Bei der Beschäftigung mit antiken Kopien verlorener Originale ist zu berücksichtigen, dass die meisten von ihnen aus hellem Marmor bestehen, während die Mehrzahl der verlorenen Originale den literarischen Quellen zufolge aus Bronze (unterschiedlicher Tönung) gefertigt war. Nur ausnahmsweise gelangten bei der Herstellung von Kopien auch andere Materialien zum Einsatz, beispielsweise ägyptische Grauwacke, eine überaus harte Gesteinssorte von dunkelgrüner oder dunkelbrauner Farbe (vgl. unten zu Kat. 1, 4 und 10).

Haben sich mehrere Kopien einer bestimmten Skulptur erhalten, wird für diese der Begriff »statuarischer Typus« oder, wenn nur der Kopf überliefert ist, der Begriff »Kopftypus« verwendet, die beide stellvertretend für das »Original« gebraucht werden können. Da es häufig, etwa bei den meisten Statuen siegreicher Athleten, nicht möglich ist, den Dargestellten zu benennen, und da wir auch bei der Mehrzahl der Statuen von Gottheiten und Heroen die ursprüngliche Bezeichnung des jeweiligen Werkes nicht kennen, ist man in der Regel gezwungen, einen statuarischen Typus mit einer behelfsmäßigen Bezeichnung zu versehen (*Herakles Typus Farnese*). Dieses Verfahren hat sich bereits in der Antike bewährt, etwa um die dargestellte Person anhand der von ihr vollführten Aktion zu charakterisieren (vgl. Kat. 10, »Derjenige, der sich eine Stirnbinde umlegt«).

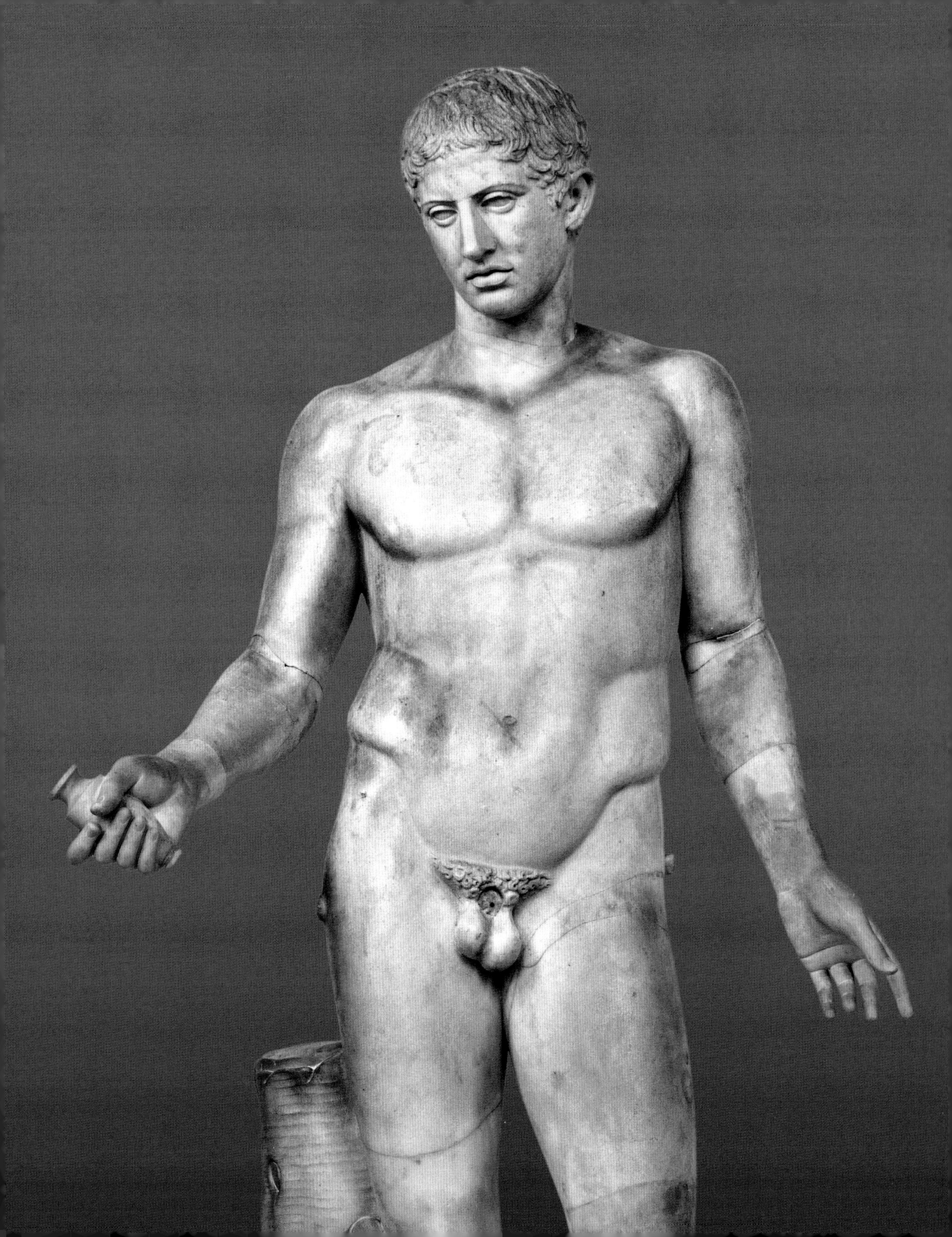

Polyklet

Es ist ein merkwürdiger Zufall, dass einer der bedeutendsten abendländischen Bildhauer ausgerechnet den Namen »der weithin Berühmte« (griech. *Polykleitos*) trägt. Platon nennt ihn im frühen 4. Jh. v. Chr. in seinem Dialog *Protagoras* in einem Atemzug mit Phidias, dem Schöpfer eines der Sieben Weltwunder (*Zeus von Olympia*), und in einer anderen Quelle, die dem römischen Gelehrten Plinius d. Ä. im 1. Jh. n. Chr. vorgelegen hat, muss davon die Rede gewesen sein, dass er seinen Zeitgenossen Phidias sogar übertroffen habe, und zwar mit der in Ephesos in Kleinasien aufgestellten Statue einer Amazone (Kat. 7). Von Polyklet und einzelnen seiner Werke berichten außer Platon und Plinius auch noch etliche weitere griechische und römische Autoren, wie zum Beispiel Philon von Byzanz, Cicero, Quintilian und Plutarch, und noch im zweiten Viertel des 12. Jahrhunderts ist bei der byzantinischen Geschichtsschreiberin Anna Komnene die Rede von Polyklets »Kanon«.

Polyklet dürfte bald nach 490 v. Chr. in Argos auf der Peloponnes geboren worden sein und ist wahrscheinlich ebenda, zwischen 420 und 400 v. Chr., gestorben. Sein Schaffen umfasste ausschließlich Werke aus Bronze, was in der Berufsbezeichnung – »Schöpfer von [rundplastischen] Bildwerken« (griech. *agalmatopoiós*) – jedoch nicht zum Ausdruck kommt.[1] Sein Wirkungsbereich dürfte sich auf die Peloponnes konzentriert haben; er hat aber nachweislich auch einen Auftrag für die Herstellung einer verwundeten *Amazone* angenommen, den er aus Ephesos, vielleicht von der Priesterschaft des dortigen Artemis-Heiligtums, erhalten hatte (Kat. 7). Zudem ist von zwei Siegerstatuen, die Polyklet wahrscheinlich ebenso wie die *Amazone* in seiner Heimatstadt angefertigt hat, der Ort der Aufstellung bekannt. Es handelt sich um das Zeus-Heiligtum in Olympia (Abb. 2). Auf der Oberseite der Basis für die eine der beiden Statuen hat sich bis heute ein Teil der ›Signatur‹ erhalten.[2] Anlässlich der Aufstellung der Statue des Olympiasiegers Pythokles aus Elis in der Zeit um 450 v. Chr. hat ein Steinmetz in dem griechischen Dialekt, der in Argos gesprochen wurde, die folgende Angabe in den Stein eingetragen: »Πολύκλετος [ἐποίε Ἀργεῖος] / Polyklet [aus Argos hat dies geschaffen]« (Abb. 3). Diese Angabe ist einige Jahrhunderte später, vielleicht im Zusammenhang mit einer neuen Sockelung der Statue oder einer anderen, gravierenderen Umgestaltung, auf dem gegenüberliegenden Abschnitt der Oberseite der Basis wiederholt worden.

Im Zentrum von Polyklets Schaffen standen rundplastische Darstellungen ruhig stehender nackter Knaben, Jugendlicher und Männer in Lebens- oder leichter Überlebensgröße (Kat. 1–6, 8–13). Für diese Statuen ist es charakteristisch, dass Stand- und Spielbeinseite deutlich voneinander unterschieden sind. Der Unterschenkel des entlasteten Beins ist in der Regel nach hinten geführt und der zugehörige Fuß mit der Ferse und dem zentralen Abschnitt der Sohle vom Boden gelöst. Das durch die Position des zurückgestellten Fußes hervorgerufene Ungleichgewicht, das mit einem einseitigen Absenken der Beckenpartie einhergeht, wird durch eine Kontraktion der über dem Standbein befindlichen Körperhälfte ausgeglichen sowie in vielen Fällen außerdem dadurch, dass der Kopf zur Standbeinseite gedreht ist. Gleichzeitig korrespondiert mit der Entlastung des Spielbeins in der Regel diejenige des Arms der gegenüberliegenden Seite, während der Arm der Spielbeinseite eine Aktion vollführt. Das auf einen Ausgleich von Ruhe und Bewegungsimpuls zielende Kompositionsprinzip erstreckt sich auch auf das Haupthaar, welches einem raffinierten System aus Bewegung und Gegenbewegung unterworfen ist.

Plinius zufolge soll Polyklet der erste Bildhauer gewesen sein, der die an ein Schreiten erinnernde Art des Stehens bei seinen Bildwerken zur Darstellung gebracht hat.[3] Wenn Plinius in demselben Zusammenhang unter Berufung auf Varro davon spricht, dass Polyklets Skulpturen außerdem einen »quadratischen« Eindruck hinterlassen hätten, ist es unklar, ob damit eine Kritik an deren Erscheinungsbild zum Ausdruck gebracht werden soll.[4] Im Vergleich mit den Bildwerken späterer Zeiten, etwa mit solchen des 4. Jhs. v. Chr. (Abb. S. 15), konnte man sicher

Abb. 1 Detail aus Abb. 7

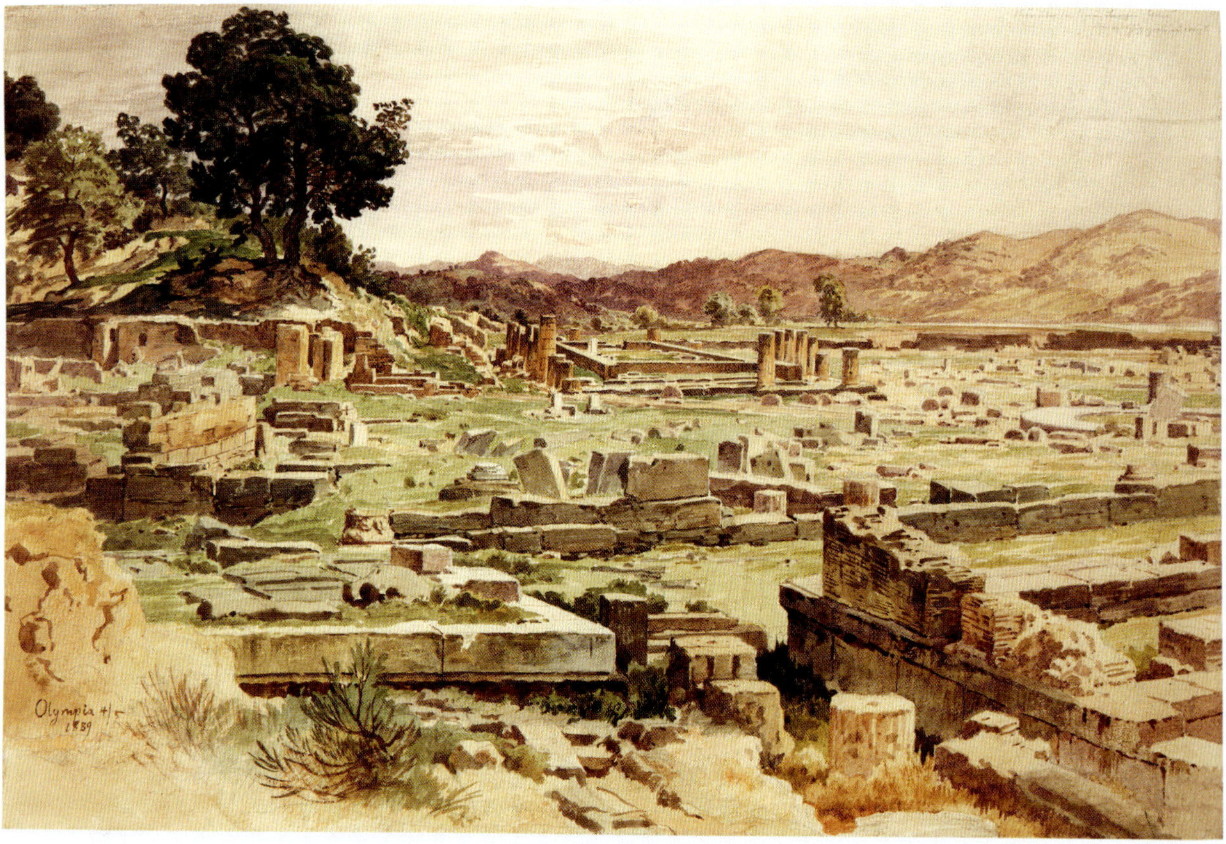

Abb. 2 Heinrich Gärtner:
Das Zeus-Heiligtum von Olympia
Aquarell, 1889, Dresden,
Archiv der Skulpturensammlung

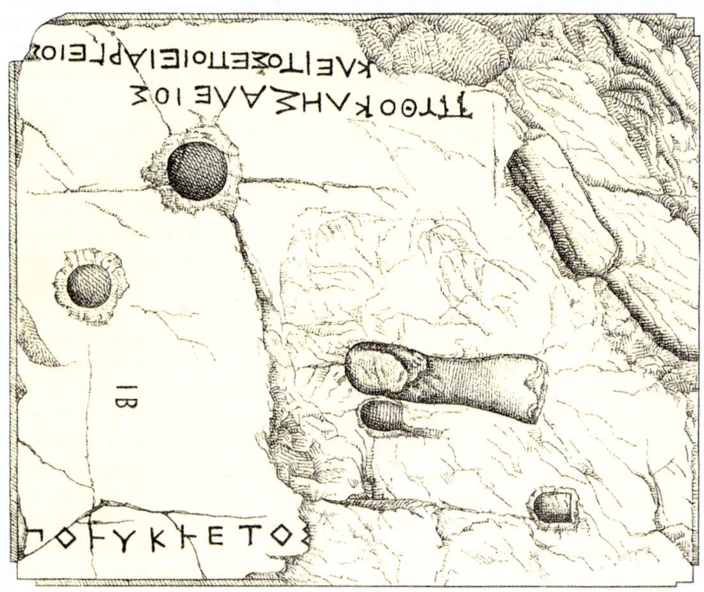

Abb. 3 Karl Purgold:
Oberseite der Basis für die
Siegerstatue des Pythokles,
Umzeichnung, um 1890

den Eindruck gewinnen, dass Polyklets Schöpfungen eine gewisse Leichtigkeit oder Geschmeidigkeit fehlte. Seine Werke seien darüber hinaus, so Cicero in einem Dialog, der den Titel *Brutus* trägt, geradezu vollkommen gewesen (»iam plane perfecta«),[5] mögen also dem einen oder anderen Betrachter als (zu) »akademisch« erschienen sein. Verantwortlich für den perfekt anmutenden Gesamteindruck war ein Höchstmaß an formaler Ausgewogenheit, für welches die nackte, ruhig stehende männliche Figur eine ideale Projektionsfläche bot, und welches offenbar auch dadurch zustande kam, dass Polyklet ausführliche, auf der Vermessung der einzelnen Gliedmaßen beruhende Berechnungen zu den Proportionen des menschlichen Körpers angestellt hat.[6]

Wie kein anderes seiner Werke verkörpert die als *Speerträger* (griech. *doryphóros*) bekannte Statue, vielleicht eine Darstellung Achills (Kat. 3), Polyklets perfektionistisches Streben nach Ausgewogenheit. Wohl zu Recht wird dieses Bildwerk daher mit einer als *Kanon* bezeichneten Statue gleichgesetzt, die der griechische Arzt und Philosoph Galen (zweite Hälfte des 2. Jhs. n. Chr.) in einer Schrift mit dem Titel *Über die Mischungen* erwähnt: »Und [deswegen] wird wohl auch eine *Kanon* genannte Statue Polyklets gelobt, die diesen Namen erhalten hat, weil sich alle Teile genau in der richtigen Proportion zueinander verhalten.«[7]

Von Galen erfahren wir außerdem, dass Polyklet seine Überlegungen zur bildnerischen Gestaltung des menschlichen Körpers auch in eine kunsttheoretische Schrift hat einfließen lassen. Die Schrift, aus der kein wörtliches Zitat überliefert ist, soll Galen zufolge ebenso bezeichnet worden sein wie die auf ihrer Grundlage angefertigte Statue: »[…], wie im *Kanon* Polyklets geschrieben steht. Denn alle Verhältnisse (*symmetríai*) des Körpers hat Polyklet uns in jener Schrift gelehrt; und in seinem [plastischen] Werk hat er diese Lehre bekräftigt, indem er nach den Vorschriften in seiner Abhandlung eine Statue schuf und die Statue selbst Kanon nannte wie auch seine Schrift.«[8]

Durch seine theoretische Beschäftigung mit der Bildhauerkunst tritt Polyklet, vielleicht als der erste bildende Künstler überhaupt, aus dem Status einer in erster Linie handwerklich tätigen Person heraus. Sein *Kanon* ist »ein Zeichen sozialer Emanzipation und zugleich ein erstes Zeugnis für die Bereitschaft, zwischen Handwerk und Kunst zu unterscheiden. Denn wer gründlicher als gewöhnlich ein Handwerker über sein Tun nachgedacht hat und darüber Rechenschaft abzulegen weiß, der darf für das Ergebnis seines derart reflektierten Schaffens auch eine erhöhte Aufmerksamkeit beanspruchen.«[9]

Besondere Beachtung ist Polyklets Schaffen in der Zeit von etwa 100 v. Chr. bis etwa 250 n. Chr. zuteilgeworden, als man viele seiner Bronzestatuen mehrfach abgeformt und auf der Grundlage der aus den Negativformen gewonnenen Abgüsse zigfach vervielfältigt hat. Tatsächlich ist Polyklet der am häufigsten kopierte Bildhauer der hochklassischen Zeit.

Die Wiederentdeckung Polyklets in der Neuzeit

In der Renaissance führte das neu erwachte Interesse an der Antike zu einer intensiven Beschäftigung mit den Texten, in denen die berühmten griechischen Bildhauer und Maler Erwähnung gefunden haben. Zwischen 1310 und 1320 erweist Dante im Purgatorium der *Divina Commedia* Polyklet seine Reverenz, indem er ihn als Gradmesser für die Qualität von Kunstwerken anführt.[10] Gut 100 Jahre später muss Polyklets Name erstmals dazu herhalten, den Verkaufspreis einer antiken Skulptur zu steigern. So geht aus einem Brief des Humanisten Poggio Bracciolini (1380–1459) hervor, dass ein gewiefter griechischer Händler um 1430 den Versuch unternahm, einen antiken weiblichen Kopf als eine Hera von der Hand des Polyklet zu verkaufen.[11]

Ungefähr zur gleichen Zeit führte eine Inschrift die Gelehrten auf eine falsche Fährte. Diese Inschrift befand sich auf einem Karneol, der seit rund 300 Jahren verschollen ist, und lautete »ΠΟΛΥΚΛΕΙΤΟΥ« (»[Werk] des Polyklet«). Sie muss von einem Namensvetter des Bildhauers stammen, der wahrscheinlich im 3. Jh. v. Chr. tätig gewesen ist, und zwar als Gemmenschneider.[12] Der Karneol, über dessen Aussehen Abdrücke informieren, zeigt, wie Diomedes mit dem gerade geraubten kleinen trojanischen Athena-Kultbild in der einen und dem gezückten Schwert in der anderen Hand über einen Altar steigt. Auch wenn dem Bildhauer Polyklet in keinem antiken Text eine Darstellung des Diomedes zugeschrieben wird, scheint das Thema eigentlich mit der Autorschaft dieses

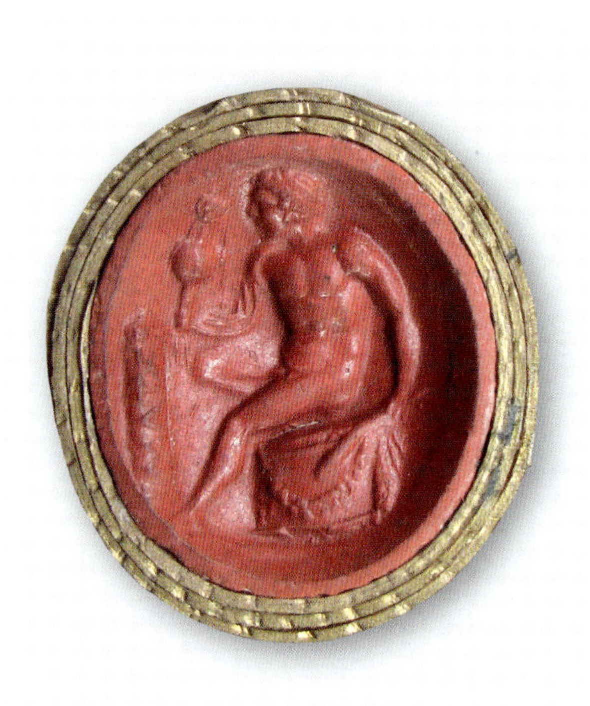

Abb. 4 Abdruck einer antiken Gemme
Schwefel, mit Zinnober angereichert, erste Hälfte des 18. Jhs.
Dresden, Skulpturensammlung, Inv. ASN 5422 L 038

Mannes gut vereinbar zu sein: Polyklet stammte aus Argos, also aus eben der Stadt, über die Diomedes der Sage nach als König geherrscht haben soll. Im 15. Jahrhundert war man sich jedoch über den Inhalt der Darstellung auf dem Karneol noch nicht im Klaren.[13] Wenn der Florentiner Buchhändler Vespasiano da Bisticci in einer Biographie davon berichtet, dass eine von vielen weiteren motivgleichen Darstellungen um 1420/30 für polykletisch gehalten worden ist,[14] kann dies nur darauf zurückzuführen sein, dass man aus der übereinstimmenden Komposition den Schluss zog, dass beide Gemmen von derselben Person geschaffen worden seien. Auch ein 2,2 cm hoher Gemmenabdruck in der Dresdner Sammlung geht auf einen antiken Schmuckstein mit der Darstellung dieses Motivs zurück (Abb. 4).[15]

Die erste graphische Abbildung der Kopie eines polykletischen Werkes findet sich in dem wohl berühmtesten Stichwerk zum Thema »Antike Statuen«: Giovanni Battista Cavalieri (oder De' Cavalieri) zeigt auf Tafel 62 seines *Antiquarum statuarum Urbis Romae primus et secundus liber* (Rom 1585) den heute in der Ny Carlsberg Glyptotek in Kopenhagen aufbewahrten *Doryphoros* (vgl. hier Kat. 3), der bereits in der Antike in einen Satyr mit Panflöte und mit einem große Teile des Körpers bedeckenden Fell transformiert worden ist (Abb. 5).[16]

Abbildungen polykletischer Werke begegnet man natürlich auch im 17. Jahrhundert, etwa in der *Galleria Giustiniana*, dem ersten Stichwerk, das ausschließlich den Skulpturen einer einzigen, in Rom beheimateten Sammlung gewidmet ist. Tafel 58 in Band I der zwei Bände umfassenden Publikation aus dem Jahr 1635/36 zeigt eine Torsoreplik des *Epheben Typus Westmacott* (vgl. Kat. 2), die Gian Lorenzo Bernini vor 1634 als Lichtbringer ergänzt hat.[17]

Polyklet im Spiegel der Kopien (I): Winckelmann

In den 60er-Jahren des 18. Jahrhunderts gelingt es zum ersten Mal, die ›Handschrift‹ Polyklets in einem großplastischen Werk ausfindig zu machen. Es war Johann Joachim Winckelmann (1717–1768), der Begründer der Klassischen Archäologie, der in einer damals im Garten der Villa Farnese in Rom aufgestellten Statue den Reflex eines der polykletischen Hauptwerke vermutete. In seiner *Geschichte der Kunst des Alterthums* bringt er die heute im British Museum aufbewahrte Statue (Abb. 6) mit dem *Diadumenos* (Kat. 10) in Verbindung, der ihm in erster Linie durch die Erwähnung in Plinius' *Naturalis Historia* ein Begriff gewesen ist:[18] »Es ist glaublich, daß diese Statue sehr oft copiret worden, und vielleicht ist eine Statue in der Villa Farnese wenigstens nach einer Copie des Diadumenos gemacht.« Es muss hervorgehoben werden, dass die in der Fachliteratur als *Diadumenos Farnese* bezeichnete Statue keineswegs einen besonders günstigen Ausgangspunkt für die Wiedergewinnung des polykletischen Œuvres darstellt. Ihr Bildhauer hat das verlorene Bronzeoriginal nämlich nicht nur in anderem Material, sondern auch um etwa 20 Prozent verkleinert wiedergegeben. In Sorge um die Statik seiner Skulptur hat er obendrein ein für Polyklets Werke besonders charakteristisches Merkmal, den sog. Schrittstand, durch ein konventionelles Standmotiv ersetzt, was dazu geführt hat,

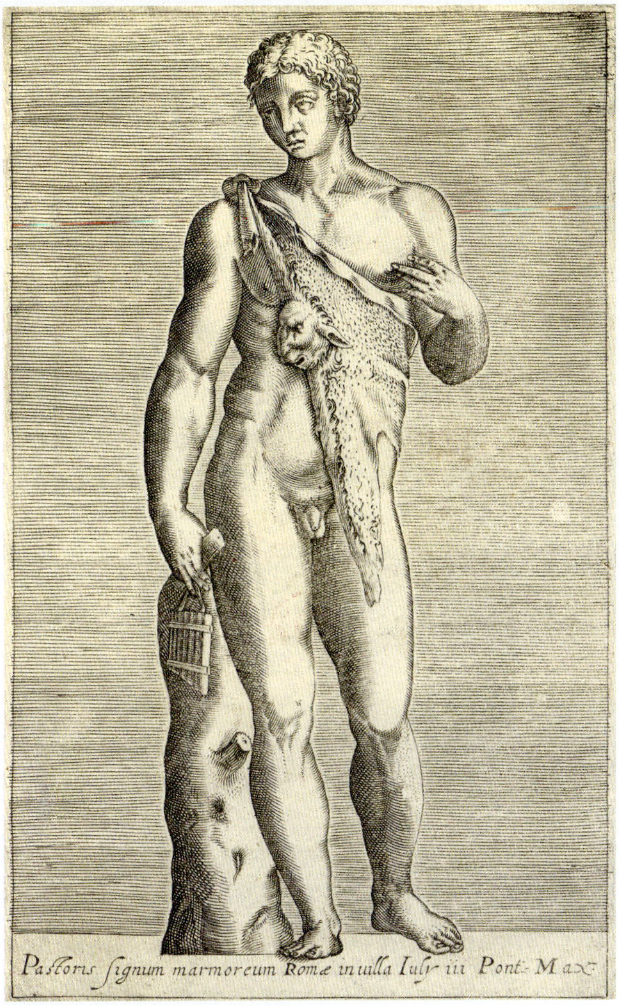

Abb. 5 Lorenzo Vaccari: *Pastoris signum marmoreum*
Aus: *Antiquarum statuarum urbis Romae, quae in publicis primatisque locis visuntur, icones* (Rom 1584) Taf. [45] (nach Cavalieri)

Abb. 6 Unbekannter Bildhauer:
sog. *Diadumenos Farnese*
Marmor, 2. Jh. n. Chr.
London, British Museum, Smith Nr. 501

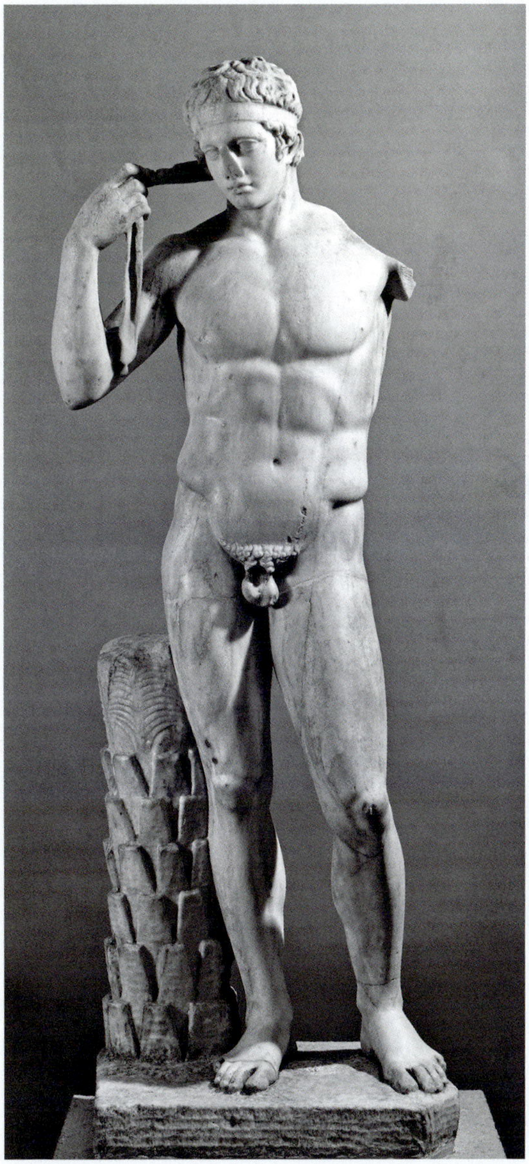

dass die Statue sogar noch in der neuesten Forschung bisweilen gar nicht zum Œuvre Polyklets gerechnet wird.

Die nicht gerade sorgfältige Ausarbeitung und die Verwitterung des Haupthaars des sog. *Diadumenos Farnese* haben außerdem verhindert, dass sich Winckelmann ein Bild davon machen konnte, wie Polyklet bei der Gestaltung des Haupthaars vorgegangen ist. Winckelmann vermochte es daher nicht, eine Brücke von dieser Statue zu weiteren Skulpturen zu schlagen, die als römisch-kaiserzeitliche Kopien auf verlorene Bronzestatuen von der Hand Polyklets zurückgehen: Bei der Besprechung des qualitätvollen Kopffragments, das sich in seinem Besitz befunden hat (vgl. Kat. 4), schneidet er die Frage nach dem Bildhauer (des Originals) gar nicht an und in der zweiten Auflage der *Geschichte der Kunst des Alterthums* lässt er seine abschließenden Überlegungen zum Œuvre Polyklets in eine durchaus abenteuerliche Mutmaßung münden, indem er zu einer heute in London befindlichen, fragmentarisch erhaltenen Skulptur, der sog. *Beißergruppe*, schreibt:[19] »Es könte auch die Figur eines Knabens, im Palaste Barberini, der in einen Arm von einer andern Figur, die sich verlohren hat, beißet, eine Copie eines Werks des Polycletus scheinen, welches zween nackte Knaben vorstellete, die mit Würfelknochen spieleten, und unter dem Namen Astragalízontes bekannt waren [Plinius, *Naturalis historia* 34, 55]. Wollte man dieses Werk auf etwas bestimmtes deuten, könte es Patroclus, der Freund des Achilles seyn, welcher als Knabe im Streite über das Spiel mit Knochen, seinen Spielgesellen, Chrysonymus genannt, wider Willen tödtete.«

Es verdient noch, erwähnt zu werden, dass es bereits wenige Jahre nach Winckelmanns Tod, in den 1770er-Jahren und um 1780, zu den ersten Rekonstruktionen zweier polykletischer Werke gekommen ist. Der Zufall wollte es damals, dass zwei Restauratoren den Torsi polykletischer Statuen, demjenigen des *Diskusträgers* (Kat. 1) und demjenigen des *Speerträgers* (Kat. 3), jeweils einen typologisch passenden, ursprünglich jedoch zu einer anderen Kopie gehörigen Kopf aufgesetzt haben (Abb. 7), obwohl sie noch keine Vorstellung von polykletischer Formensprache besaßen.[20]

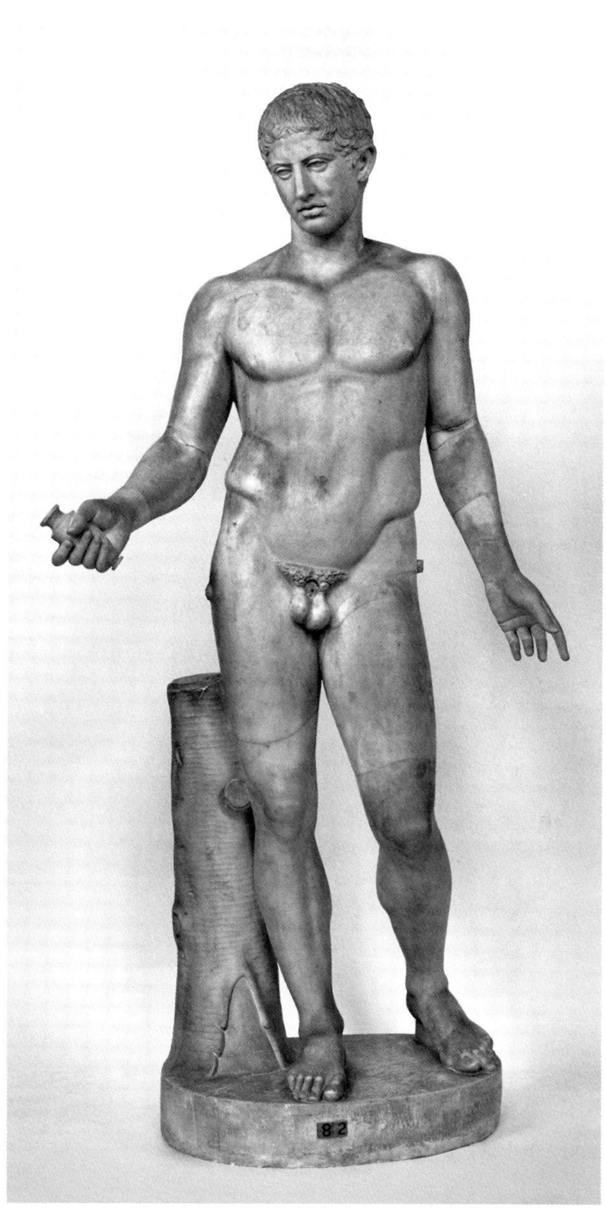

Abb. 7 Unbekannte Bildhauer: Kopf und Körper von zwei Kopien eines polykletischen Athleten
Marmor, 1. Jh. n. Chr., mit neuzeitlichen Ergänzungen
Rom, Vatikanische Museen, Inv. 767

Polyklet im Spiegel der Kopien (II): 1863 bis heute

Im Jahr 1863 ist es dem Klassischen Archäologen Karl Friederichs (1831–1871) geglückt, das Hauptwerk Polyklets, den *Speerträger*, in römisch-kaiserzeitlichen Kopien wiederzuentdecken. Im Unterschied zu Winckelmanns Identifizierung des *Diadumenos*, die damals bereits 99 Jahre zurücklag, bildete diejenige des *Speerträgers* den Auftakt zur Erschließung etlicher weiterer polykletischer Werke, wofür mehrere Faktoren den Ausschlag gaben. Zum einen konnte Friederichs gleich eine ganze Reihe von Kopien des *Speerträgers* nachweisen, mithin einen statuarischen Typus konstituieren, der in allen Haltungsmotiven sowie in der Größe und in der Disposition des Haupthaars eine verlässliche Vorstellung vom verlorenen Bronzeoriginal zu geben vermochte. Zum anderen ließen einige der Repliken, insbesondere der Kopf einer Bronzeherme aus Herkulaneum (s. S. 49, Abb. 6–7), viel besser als der von Winckelmann mit Polyklet in Verbindung gebrachte *Diadumenos Farnese* eine eigentümliche Art der Haargestaltung erkennen. Da eine unmittelbar vergleichbare Haarwiedergabe auch an anderen Köpfen beobachtet werden konnte, widmete sich die Forschung alsbald der Frage, ob sich diese Skulpturen ebenfalls mit Werken Polyklets verknüpfen ließen, die in antiken Texten, etwa in Plinius' *Naturalis historia* und bei Pausanias, Erwähnung gefunden haben.[21] Beflügelt wurden die in dieser Richtung angestellten Recherchen durch ein antikes Schriftzeugnis: Einer Mitteilung des römischen Universalgelehrten Varro (1. Jh. v. Chr.) zufolge soll Polyklet nämlich über eine besonders deutlich ausgeprägte ›Handschrift‹ verfügt haben; seine Werke unterschieden sich, so Varro, nur marginal voneinander (»paene ad unum exemplum«).[22]

Rund 50 Jahre nach der Identifizierung des *Doryphoros* war eine Gruppe von nicht weniger als zehn statuarischen Typen konstituiert, die eine recht genaue Vorstellung vom Aussehen der Werke Polyklets zu geben vermochten. Der italienische Archäologe Carlo Anti hat die Resultate der Bemühungen zweier Generationen von Archäologen um die Rekonstruktion des polykletischen Œuvres im Jahr 1920 in einem langen Aufsatz gebündelt.[23]

Erneute Zusammenfassungen des Forschungsstands erfolgten später mehrfach und haben vor allem eines deutlich gemacht: Mit den allein anhand der Auswertung von Fotos angestellten Beobachtungen ist über die bis zum Jahr 1920 erzielten Ergebnisse nicht hinauszugelangen.[24] Man muss außerdem zugestehen, dass es eine ganze Reihe von Möglichkeiten gab und gibt, sich in der Überlieferung, welche die römisch-kaiserzeitlichen Kopien polykletischer Werke bieten, zu verheddern: Oft hat man die in den Bildhauerwerkstätten omnipräsente Option der thematischen Veränderung unterschätzt[25] und nicht minder häufig hat man den oben referierten Ausspruch Varros nicht in ausreichendem Maß beachtet. Dies hatte zweierlei zur Folge: Zum einen wurden die zwischen bestimmten polykletischen Köpfen bestehenden Abweichungen irrtümlich den Kopisten zur Last gelegt – dabei hat man beispielsweise den *Epheben Typus Samsun* und den *Idolino* mit dem *Epheben Westmacott,*[26] sowie den *Doryphoros* und den *Diskusträger* mit dem *Hermes* verwechselt[27] –, was indes durch eine genaue Analyse der einschlägigen Bildwerke verhältnismäßig leicht widerlegt werden konnte. Zum anderen, und dies fällt wohl noch stärker ins Gewicht, stellte man – ohne auf entsprechende Quellen verweisen zu können – die Behauptung auf, die Werke von Polyklets Schülern hätten sich von denjenigen ihres Lehrers im Hinblick auf die Haargestaltung nicht nennenswert unterschieden. So schrumpfte, ohne dass an einer einzigen Stelle ein zwingendes Argument vorgebracht worden wäre, die Zahl der polykletischen Werke wieder zusammen. Hatte man im 19. Jahrhundert einige polykletische Schöpfungen irrtümlich noch als Werke eines attischen Bildhauers interpretiert,[28] waren nunmehr etliche Werke Polyklets zu solchen seiner Schüler mutiert oder sogar in eine ganz andere Epoche, in die späthellenistische Zeit (2.–1. Jh. v. Chr.), verschoben worden, wie etwa der *Paniskos* (Kat. 13). Vergeblich sucht man nach einer Begründung dafür, dass es ausgerechnet das Werk eines unbedeutenden Bildhauers späthellenistischer Zeit gewesen sein soll, das in der Zeit von 50 v. Chr. bis etwa 200 n. Chr. nicht etliche Male, sondern gleich tausendfach (!) kopiert worden sein muss.

Als wenig fruchtbar haben sich daneben auch die Versuche erwiesen, die Vorgehensweise Polyklets en détail zu rekonstruieren.[29] Es lässt sich offenbar nicht ermitteln, welche Berechnungen Polyklet angestellt hat, um seinen statuarischen Schöpfungen ein Maximum an Ausgewogenheit zu verleihen. Zu keinem Ergebnis haben außerdem die nicht wenigen Versuche geführt, antike Textstellen auch mit jenen statuarischen Typen zu verbinden, die sich nicht benennen lassen. Hier sei nur an die vergebliche Suche nach dem »Anführer, der zu den Waffen greift«, erinnert.[30]

Weitere Probleme, die sich bei der Beschäftigung mit Polyklet ergeben, sind eher nachrangig. Dass er in der Antike als Schöpfer der berühmten Kultstatue aus dem Hera-Heiligtum seiner Heimatstadt Argos angesehen wurde,[31] hatte verständlicherweise zur Folge, dass man im 19. und 20. Jahrhundert außer einigen Münzprägungen auch diverse rundplastische Werke als Reflexe dieser Skulptur interpretiert hat und mit dem polykletischen Œuvre verknüpfen wollte. Mittlerweile konnte jedoch gezeigt werden, dass die *Hera von Argos* erst im frühen 4. Jh. v. Chr. geschaffen worden ist, also kein Werk Polyklets sein kann.[32] Dass in der Antike außerdem in der Regel nicht zwischen Polyklet und seinem gleichnamigen, ebenfalls als Bildhauer tätigen Enkel oder Großneffen unterschieden worden ist,[33] hat dazu geführt, dass eine Zuweisung der in den Texten erwähnten Denkmäler an den älteren oder jüngeren Polyklet nicht immer möglich ist.[34] Für die anhand der materiellen Überlieferung unternommene Rekonstruktion des Œuvres des hochklassischen Bildhauers hat dies jedoch keine gravierenden Konsequenzen.

In den vergangenen Jahren ist es gelungen, die Kenntnis des polykletischen Œuvres in einigen Punkten zu verfeinern: Sein *Hermes* konnte re-, sein *Herakles* dekonstruiert werden[35] und vom statuarischen Typus eines Athleten, seit über 100 Jahren falsch als *Diskusträger* bezeichnet, lässt sich nunmehr eine etwas genauere Vorstellung gewinnen als früher.[36] Manch neuer Ansatz hat sich aber auch als Irrweg erwiesen: Dass der *Doryphoros* (Kat. 3) am linken Arm einen Schild getragen und in der rechten Hand ein Schwert gehalten habe, lässt sich aus dem Befund gerade nicht ableiten, und dass der polykletische Kanon im statuarischen Typus des *Epheben Westmacott* (Kat. 2) zu erkennen sei,[37] entbehrt gleichfalls jeglicher Wahrscheinlichkeit.

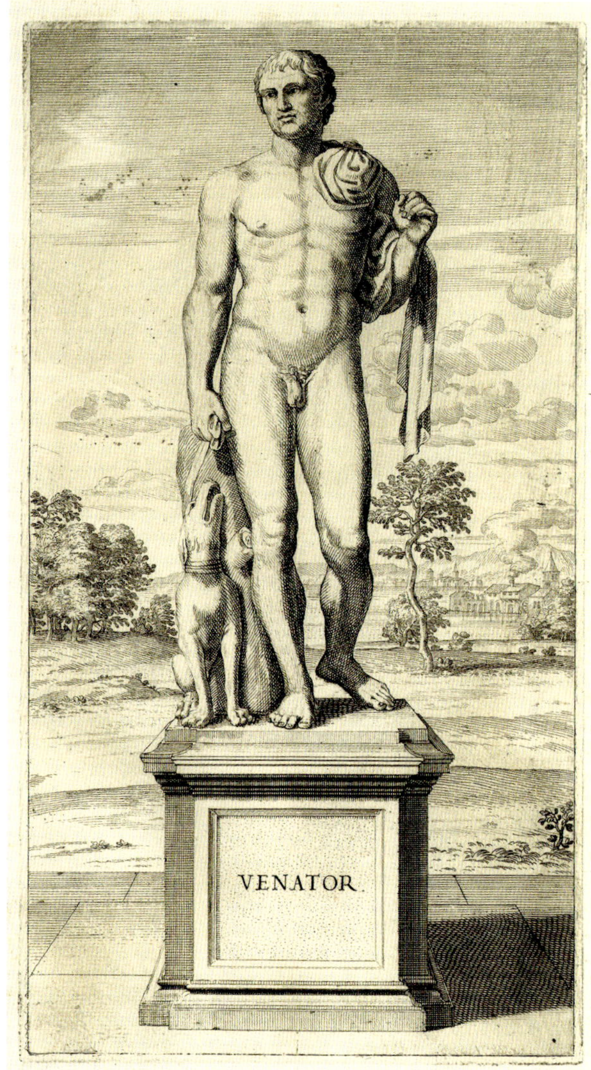

Abb. 8 Giovanni de Rossi: *Venator*
Aus: *Villa Pamphilia eiusque palatium cum suis prospectibus* (Rom o. J.) Taf. [6]

Polyklet in Dresden

Bereits rund 40 Jahre vor den ersten Erwerbungen antiker Skulpturen ist es in Dresden – durch Zufall – zur Adaption eines polykletischen Werkes gekommen. In den 1680er-Jahren hat der für die Bekrönungen der Giebel des Palais im Großen Garten verantwortliche Bildhauer auf eine Publikation der antiken Statuen der Sammlung Doria Pamphilj zurückgegriffen und auf dieser Grundlage überlebensgroße Personifikationen der vier Jahreszeiten aus Sandstein geschaffen.[38] Der Stich, der als Vorlage für die einst auf dem Giebel der Westseite positionierte und heute weitgehend verlorene Statue des Herbstes fungierte,[39] zeigt eine damals und heute in der Villa Doria Pamphilj in Rom aufbewahrte Statue, bei der es sich um eine im 3. Jh. n. Chr. angefertigte Kopie des polykletischen Hauptwerks, des *Speerträgers* (Kat. 3), handelt (Abb. 8).[40] Bemerkenswert ist die zweifache Transformation, die das polykletische Vorbild durchlaufen hat: Zunächst hat es ein in der Zeit um 250 n. Chr. tätiger Bildhauer dadurch verändert, dass er den idealen Kopf durch ein zeitgenössisches Bildnis ersetzt hat. Bei der neuzeitlichen Adaption des Stiches ist der Porträtkopf dann wieder in einen Idealkopf verwandelt worden, den überdies Weinblätter und Trauben schmücken.[41] Die Identifizierung des Vorbilds steht jedoch außer Frage, weil beim *Herbst* ebenso wie bei der Skulptur in der Villa Doria Pamphilj ein leichter Mantel die linke Schulter bedeckt und über den linken Unterarm fällt. Ein in dieser oder ähnlicher Weise drapierter Mantel, der beim Bronzeoriginal nicht vorhanden war, ist unter den vielen Kopien des *Speerträgers* nur äußerst selten bezeugt.[42]

Im Jahr 1729 sind im Zuge des Ankaufs von mehr als 150 antiken Skulpturen aus den römischen Sammlungen Albani und Chigi erstmals auch einige polykletische Werke nach Dresden gelangt: freilich keine Originale – von diesen hat nicht ein einziges den Untergang der Antike überstanden –, aber zumeist qualitativ hochwertige, in der römischen Kaiserzeit angefertigte Kopien dreier Werke, die, wie sich erst sehr viel später herausstellen sollte, eine bis in jede Locke hinein gültige Vorstellung von den verlorenen Bronzen des aus Argos stammenden Meisters geben.

In Dresden haben die Marmorkopien polykletischer Werke immer ein wenig im Schatten einiger besonders spektakulärer Statuen von Gottheiten gestanden, etwa derjenigen der *Athena Lemnia*, die von Furtwängler auf eine Bronzestatue von der Hand des Phidias zurückgeführt werden konnte und deshalb eine Schlüsselstellung in dessen epochaler Publikation *Meisterwerke der griechischen Plastik* aus dem Jahr 1893 einnimmt, und derjenigen des *Dresdner Zeus*, der Kopie einer Bronzeskulptur eines gleichfalls in Attika beheimateten Bildhauers. Im Jahr 1894 hat Georg Treu, Direktor der Skulpturensammlung von 1882 bis 1915 (Abb. 9), jedoch der Präsenz polykletischer Werke in Dresden dadurch Rechnung getragen, dass er einen der Säle der »Originalbildwerke« im ersten

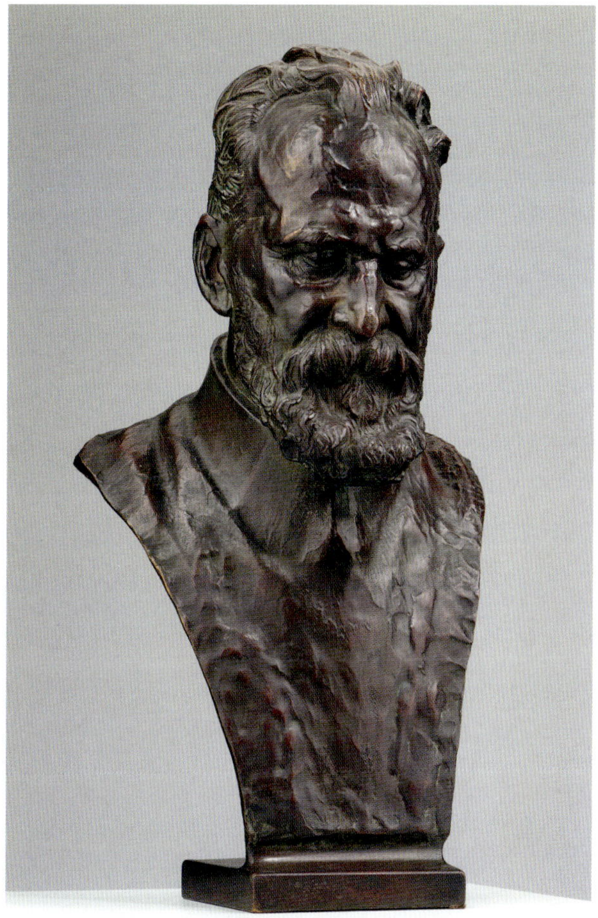

Abb. 9 Georg Wrba: *Georg Treu*
Bronze, 1907, Dresden,
Skulpturensammlung, Inv. ZV 3015

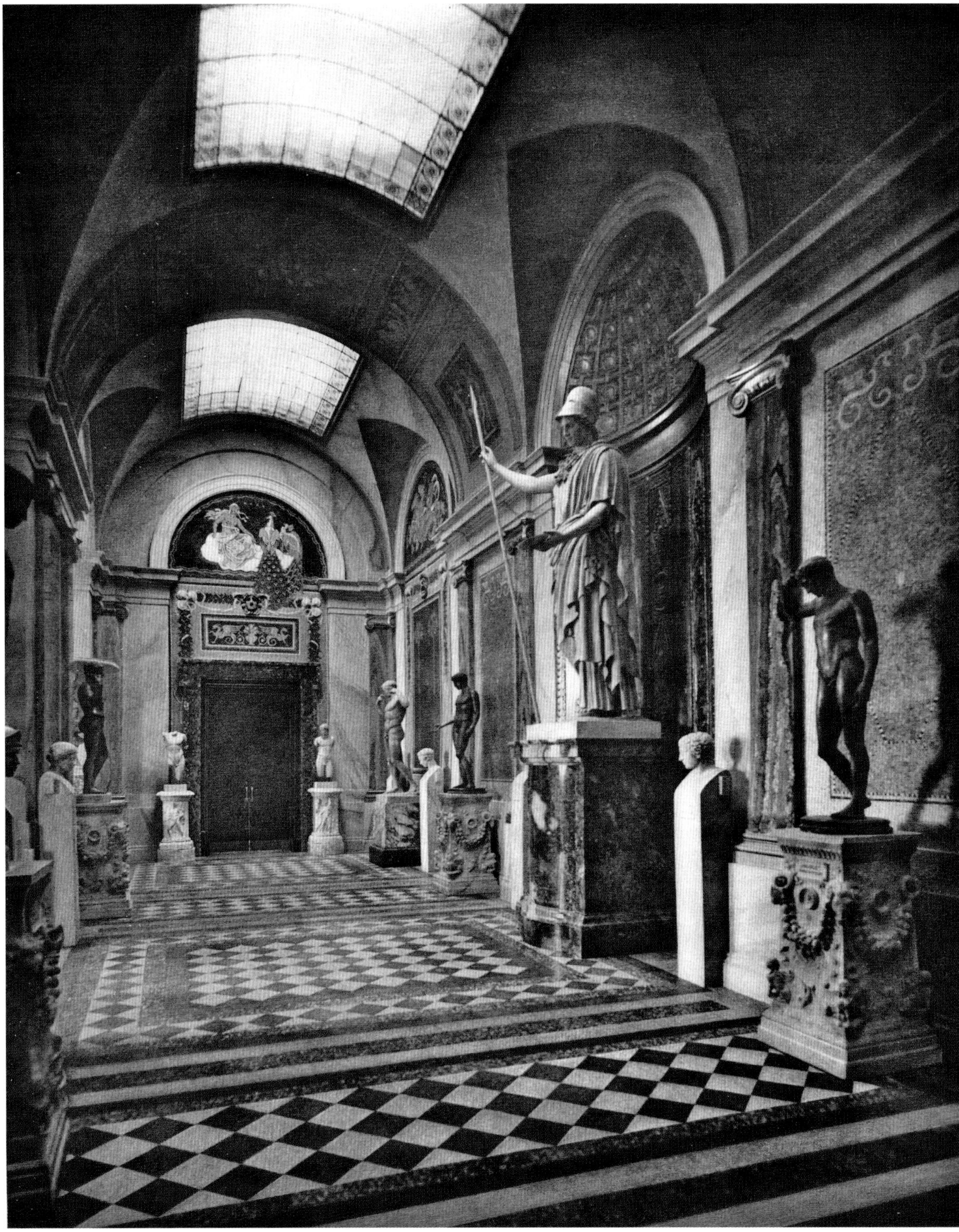

Obergeschoss des Albertinums nach Polyklet benannt sowie entsprechend eingerichtet und außerdem auch die Vorhalle des Obergeschosses mit etlichen Gipsabgüssen von Werken bestückt hat, die mit diesem Bildhauer in Verbindung stehen (Abb. 10).[43] Treu war es auch, der den 1728 begründeten Dresdner Bestand an Marmorkopien polykletischer Werke dank seiner freundschaftlichen Beziehung zu dem aus Dresden stammenden Archäologen und Kunsthändler Paul Arndt (1865–1937) um drei Objekte hat erweitern können: zwei Köpfe im Typus des *Diskusträgers* (Kat. 1) und einen Torso im Typus des *Narkissos* (Kat. 11).[44]

Spätestens mit der Neuaufstellung der antiken Skulpturen in der Osthalle des Semperbaus im Jahr 2020 dürfte erneut deutlich geworden sein, dass die Kopien polykletischer Werke für die Erschließung der Skulptur klassischer Zeit von essenzieller Bedeutung sind. Nur anhand von ihnen sowie von fünf Werken, denen Originale zugrunde liegen, die der attische Bildhauer Praxiteles im 4. Jh. v. Chr. kreiert hat, ist es möglich, sich vom Œuvre eines bestimmten griechischen Bildhauers eine gut fundierte Vorstellung zu verschaffen. In der neuen Dauerausstellung werden nicht weniger als sieben Werke gezeigt, die auf Schöpfungen Polyklets zurückgehen.[45] Viele weitere, vornehmlich Abgüsse, befinden sich im Depot der Skulpturensammlung. Die Dresdner Kopien nach nicht mehr erhaltenen Originalen von der Hand Polyklets decken in chronologischer Hinsicht das gesamte Schaffen dieses Bildhauers ab: vom Frühwerk, dem *Diskusträger*, bis zum Spätwerk, welches unterlebensgroße Figuren wie der *Narkissos* und der *Paniskos* vertreten. Zwei empfindliche Lücken seien nicht verschwiegen: Die durch mehr als 20 Kopien überlieferte *Amazone*, eine von nur zwei weiblichen Statuen von Polyklets Hand, sowie sein Hauptwerk, der *Speerträger*, sind in Dresden lediglich in Gestalt magazinierter Gipsabgüsse präsent (Kat. 7 und 3).

Es bedarf noch der Erwähnung, dass sich im Dresdner Stadtbild an durchaus prominenter Stelle ein dezenter Hinweis auf Polyklet findet. Seit 1894 schmückt der aus vergoldeten Buchstaben zusammengesetzte Schriftzug »POLYKLEITOS« gemeinsam mit denjenigen der Bildhauer Phidias, Praxiteles und Lysipp sowie demjenigen des Architekten Iktinos einen der Simse des östlichen Abschnitts der elbseitigen Fassade der Dresdner Kunstakademie, die nach Plänen des Architekten Constantin Lipsius (1832–1894) errichtet worden ist.

Im Folgenden sollen die polykletischen Werke, die Teil der Dresdner Skulpturensammlung sind, etwas genauer betrachtet werden. Da sich Polyklets frühe Schöpfungen deutlich von seinem Spätwerk unterscheiden, erschien es sinnvoll, die Skulpturen, die ihm mit hoher Wahrscheinlichkeit zugewiesen werden können, in der Reihenfolge ihrer mutmaßlichen Entstehungszeit zu besprechen. Um die Werke Polyklets, die in Dresden nicht durch eine Kopie oder den Abguss einer solchen vertreten sind, nicht ganz übergehen zu müssen, sind auch diese – in etwas knapperer Form – mit in den Katalog aufgenommen (Kat. 6 und 9).

Abb. 10 Hermann Prell: erstes Obergeschoss des Albertinums, Vorhalle
Photogravure
Aus: G. Galland, *Hermann Prell. Fresken, Skulpturen und Tafelbilder des Meisters* (Charlottenburg 1904)

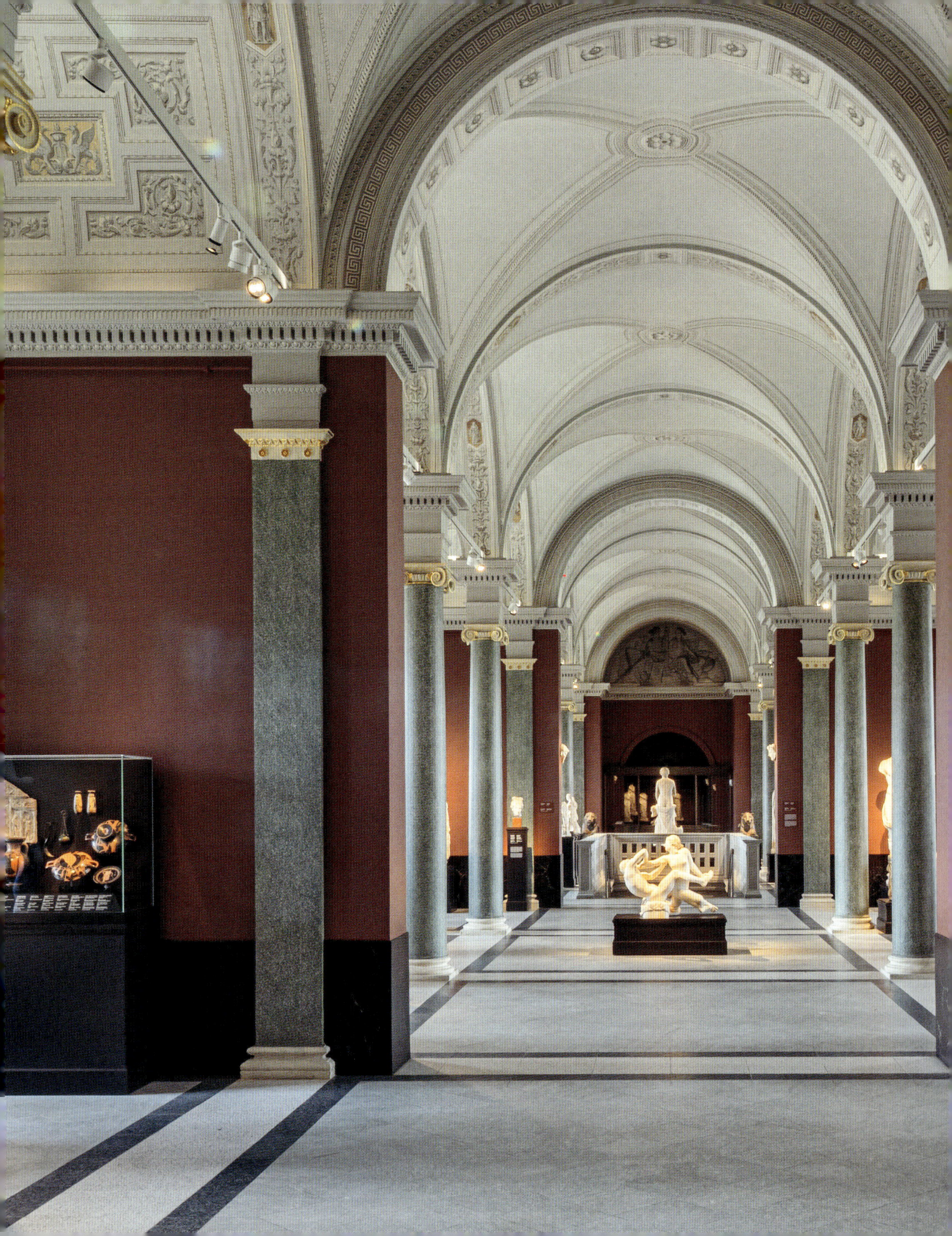

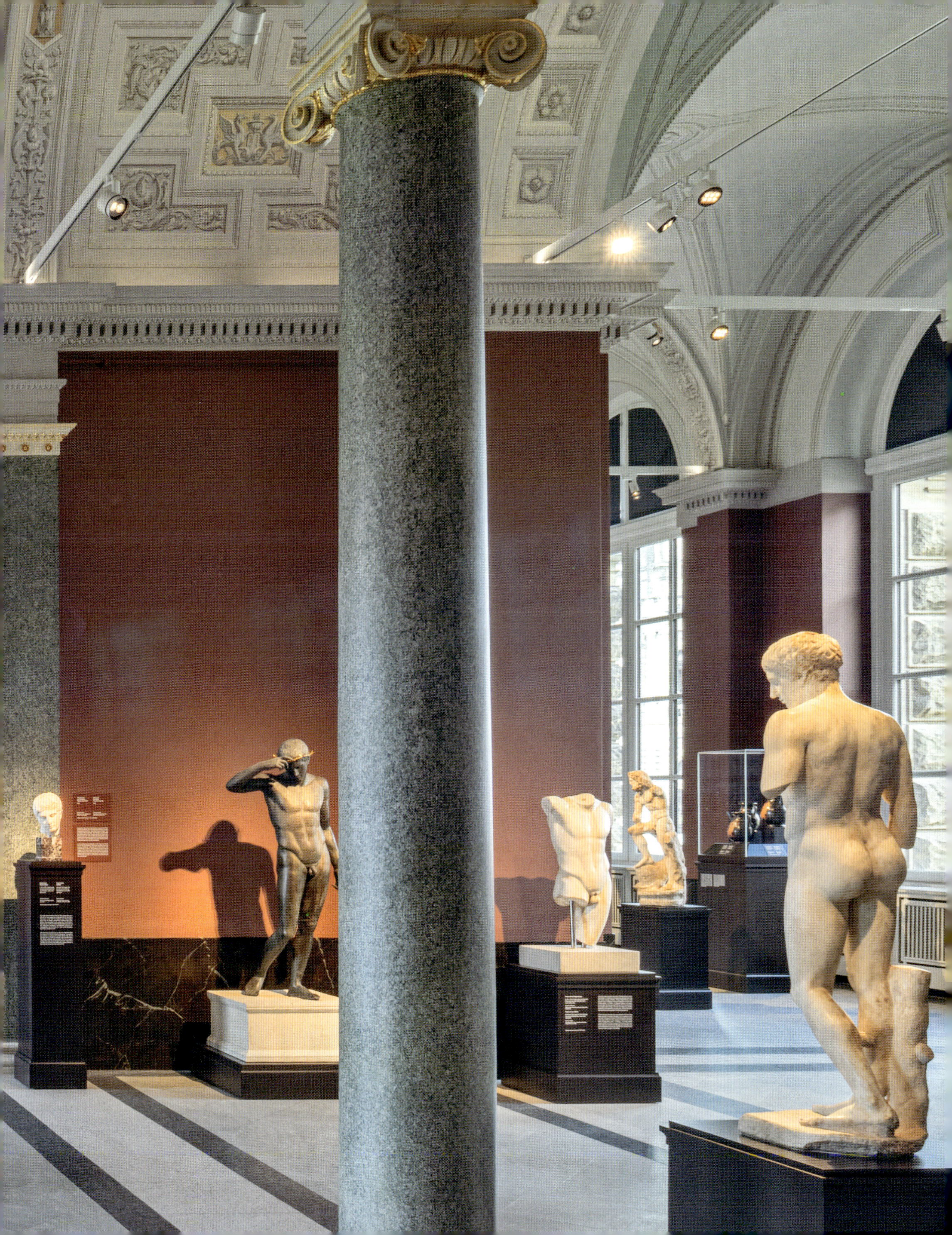

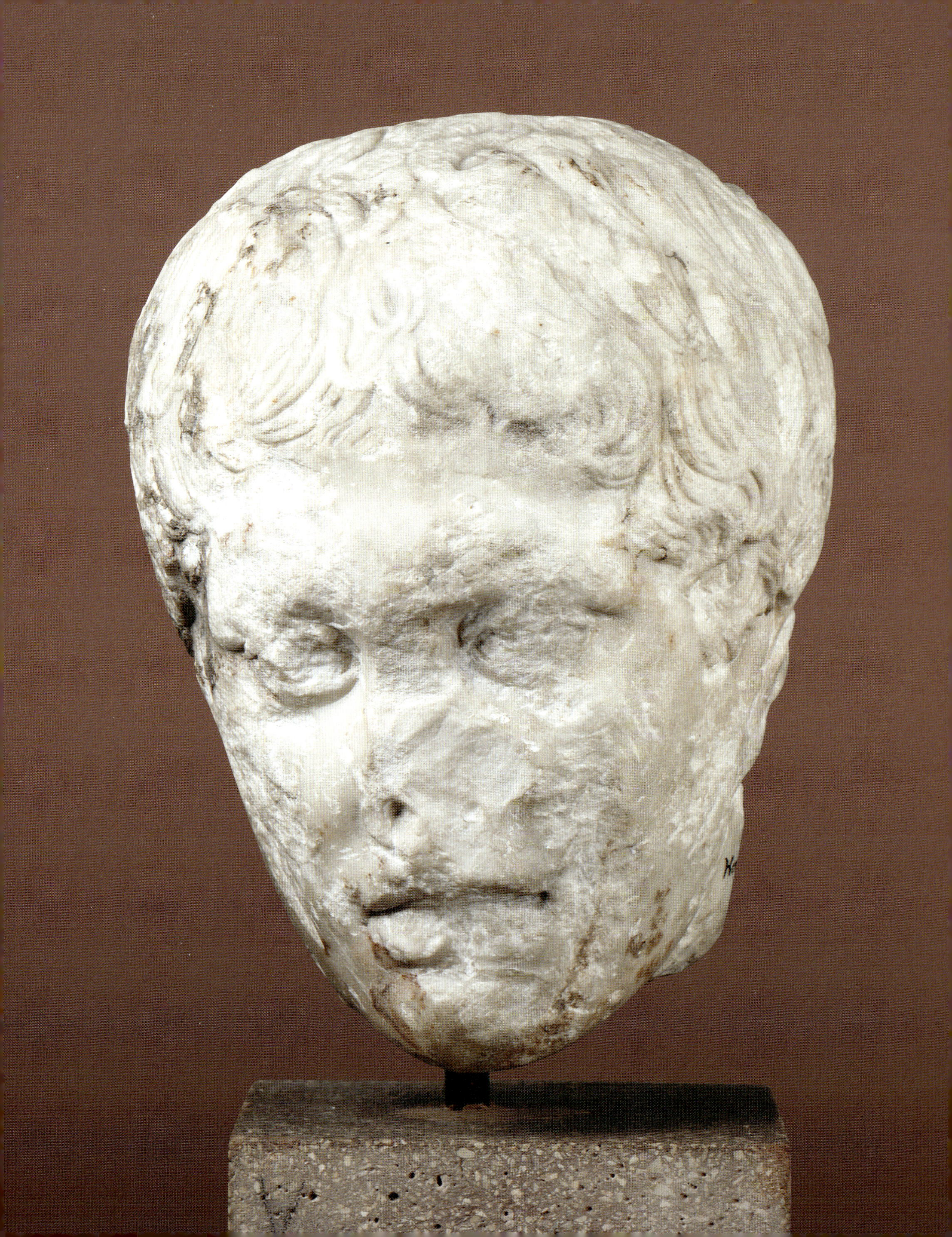

I

Statue eines unbekannten Athleten, sog. Diskusträger

Ein fälschlich als *Diskusträger* (griech. *diskophóros*) bezeichneter statuarischer Typus geht auf eine nicht mehr erhaltene Bronzestatue Polyklets zurück, die einen muskulösen nackten Mann mit rechtem Stand- und linkem Spielbein zeigte (vgl. Abb. S. 22). Die für die griechische Plastik seit dem zweiten Viertel des 5. Jhs. v. Chr. charakteristische ungleiche Verteilung der Körperlast auf die beiden Beine lässt sich gut an der Schrägstellung des Beckens ablesen. Im Bereich des Rumpfes wird die Schräge durch eine deutliche Kontraktion der rechten Körperhälfte wieder ausgeglichen, und zwar in einem solchen Maß, dass die Schulter dieser Seite etwas tiefer positioniert ist als diejenige der Spielbeinseite. Der Kopf war ein wenig zur Standbeinseite gedreht und etwas gesenkt; von den beiden Armen war der rechte im Bereich des Oberarms stärker vom Körper gelöst als der linke. Welchen Gegenstand der Dargestellte hielt, lässt sich, da die Hände bei keiner Kopie erhalten geblieben sind, nicht bestimmen.[46]

Das für Polyklet gerade nicht charakteristische Standmotiv, das sich dadurch auszeichnet, dass der Fuß des Spielbeins mit der ganzen Sohle den Boden berührt, spricht ebenso wie die Art der Haargestaltung dafür, dass das Original zu seinem frühen Schaffen gehört hat und älter als die übrigen statuarischen Typen ist, die auf Werke von seiner Hand zurückgehen. In der Forschung besteht Einigkeit darin, dass Polyklet die Statue um 460 v. Chr. geschaffen hat.[47] Die Verbindung mit einer der Skulpturen, die diesem Bildhauer in antiken Texten zugeschrieben werden, ist nicht möglich;[48] die Lebensgröße von ca. 1,77 m lässt erwarten, dass das Original einen siegreichen Athleten zeigte.[49]

In demselben Jahr, in dem es Adolf Furtwängler gelang, den statuarischen Typus des *Diskusträgers* zu konstituieren,[50] hat die Skulpturensammlung von dem aus Dresden stammenden Archäologen Paul Arndt eine Kopfreplik als Geschenk erhalten, deren Wert dieser in einem im März

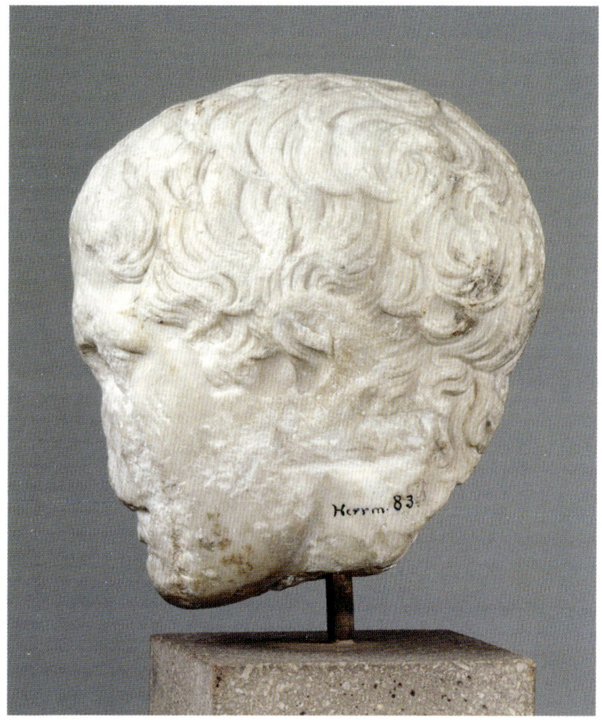

Abb. 1–2 Unbekannter Bildhauer:
Kopf der Kopie eines polykletischen Athleten
Marmor, 1. Jh. n. Chr.
Dresden, Skulpturensammlung, Inv. Hm 83

1893 verfassten Brief an Georg Treu mit zehn Lire beziffert hatte (Abb. 3–4).[51] Der laut Arndt »sehr ruinierte, aber ehemals sehr gute« Kopf lässt sich mit Gewissheit als Replik des *Diskusträgers* bestimmen (Abb. 1–2): Er entspricht den übrigen Repliken nämlich nicht nur in der Lebensgröße und in der Rechtsdrehung, sondern auch in der Disposition des Haupthaars, was sich leicht bei der Betrachtung der Profile erkennen lässt. Für viele der in der römischen Kaiserzeit hergestellten Kopien berühmter

Abb. 3–4 Brief von Paul Arndt an Georg Treu, 19. 3. 1893 Dresden, Archiv der Skulpturensammlung

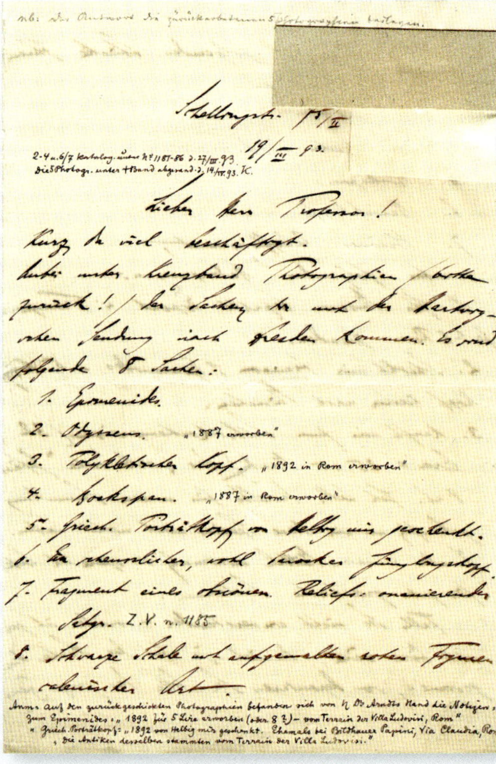

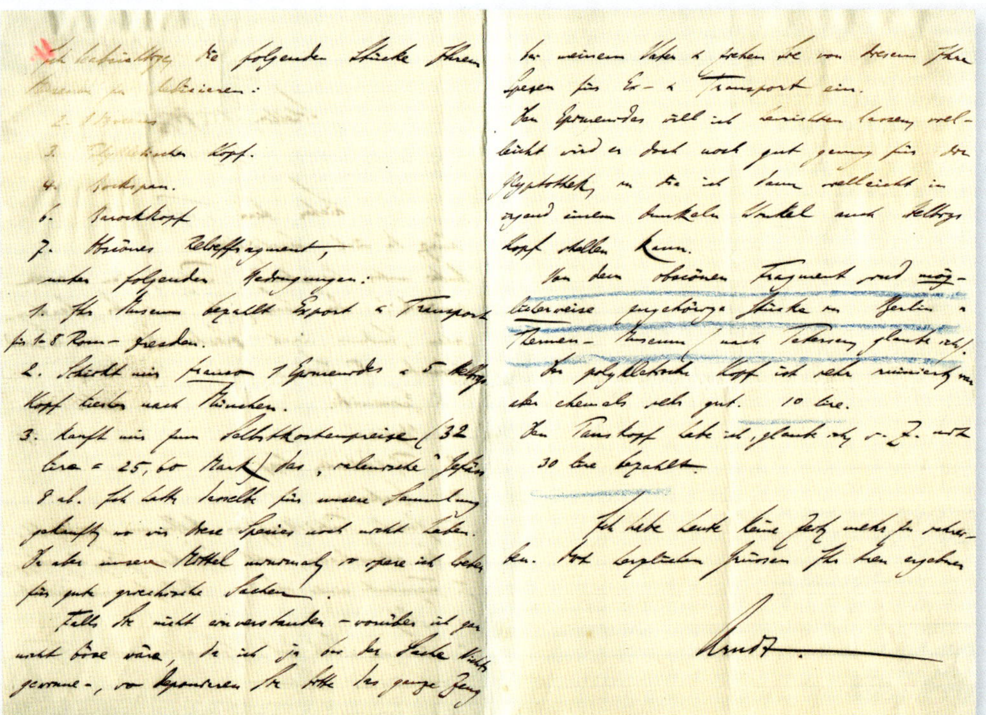

griechischer Statuen ist es charakteristisch, dass ihre Bildhauer – den erhaltenen Signaturen zufolge waren es fast immer Griechen – die Frisuren der Originale mit größtmöglicher Genauigkeit und unter Zuhilfenahme von Abgüssen reproduziert haben. Dies wird nirgendwo besser deutlich als bei einem Vergleich der Kopien, die auf Werke Polyklets zurückgehen. Auch an den Stellen, die für die Betrachter kaum oder gar nicht zu sehen waren, haben die Kopisten in der Regel Sorgfalt walten lassen. Auf dieser Grundlage ist es selbst dann möglich, ein Objekt mit einem bestimmten Werk Polyklets zu verbinden, wenn sich nur ein Fragment in Form einiger weniger Locken erhalten hat. Dies ist beispielsweise bei einem Bruchstück aus ägyptischer Grauwacke der Fall, das in den 1950er-Jahren in Rom zutage getreten ist und nur einige Strähnengruppen der linken Seite eines Kopfes umfasst.[52] Wegen der Disposition der Locken muss das Fragment ebenso wie der Dresdner Kopf zu einer statuarischen, in der frühen römischen Kaiserzeit hergestellten Replik des *Diskusträgers* gehört haben. Es ist die einzige Kopie dieses Typus, die nicht aus Marmor besteht. Insgesamt lassen sich bislang mehr als 20 Repliken des Kopfes nachweisen, die mit einer Ausnahme, einer um etwa 50 Prozent verkleinerten Umdeutung als Hermes,[53] alle im lebensgroßen Format übereinstimmen. Die Verbindung von Kopf und Körper ist nur selten bezeugt: bei zwei Umdeutungen als Herakles und als Dionysos (vgl. unten) sowie bei dem Oberteil einer Statue, das aus der Sammlung der Familie Odescalchi stammt.[54] Da der Hals dieser Replik fast zur Gänze neuzeitlichen Ursprungs ist, lässt sich ihre ursprüngliche Kopfhaltung nur ungefähr rekonstruieren.

Im Vergleich mit der Überlieferung des berühmten *Diskuswerfers*, den Myron im mittleren 5. Jh. v. Chr. geschaffen hat,[55] fällt auf, dass sich Polyklets *Athlet* in der römischen Kaiserzeit noch größerer Beliebtheit erfreut hat. Dies ist insofern überraschend, als sein Werk gegenüber Myrons Schöpfung eigentlich nichts Bemerkenswertes zu bieten hat, weder in thematischer noch in formaler Hinsicht. Da die Vielzahl der Kopien auch nicht mit der Berühmtheit des dargestellten Athleten erklärt werden kann – sein Name war zur Zeit der Entstehung der Kopien längst vergessen –, kann der Grund für die Beliebtheit des statuarischen Typus nur in der Wertschätzung zu suchen sein, die seinem Schöpfer noch 400 bis 600 Jahre

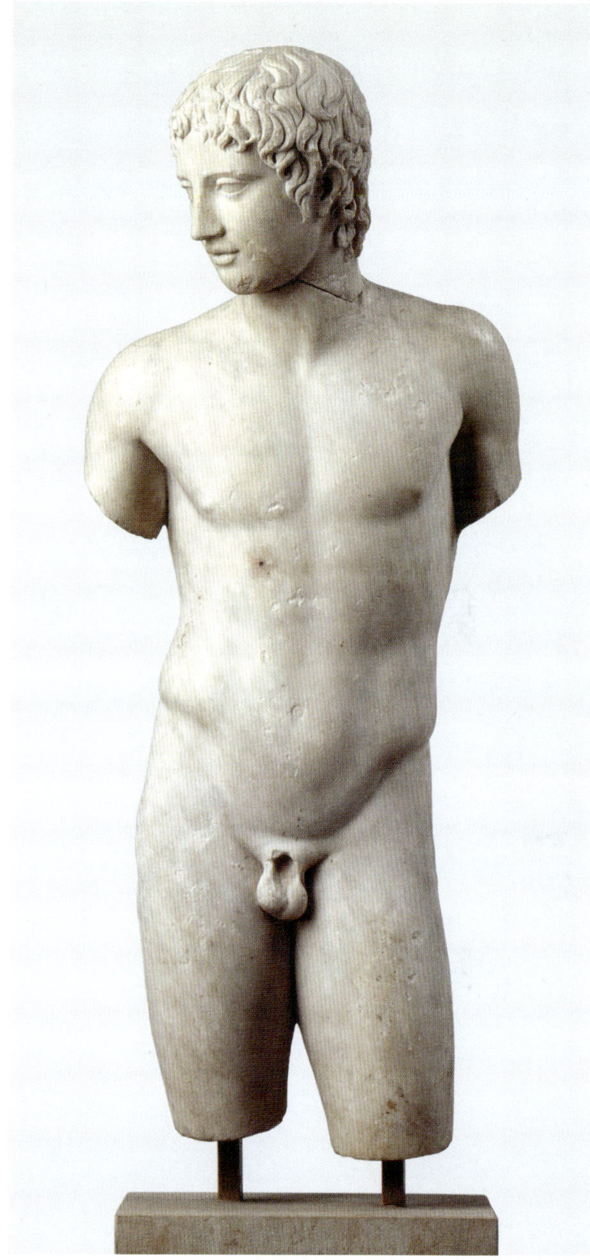

Abb. 5 Unbekannter Bildhauer:
Kopie einer Athletenstatue hochklassischer Zeit
Marmor, 1. Jh. n. Chr.
Dresden, Skulpturensammlung, Inv. Hm 70

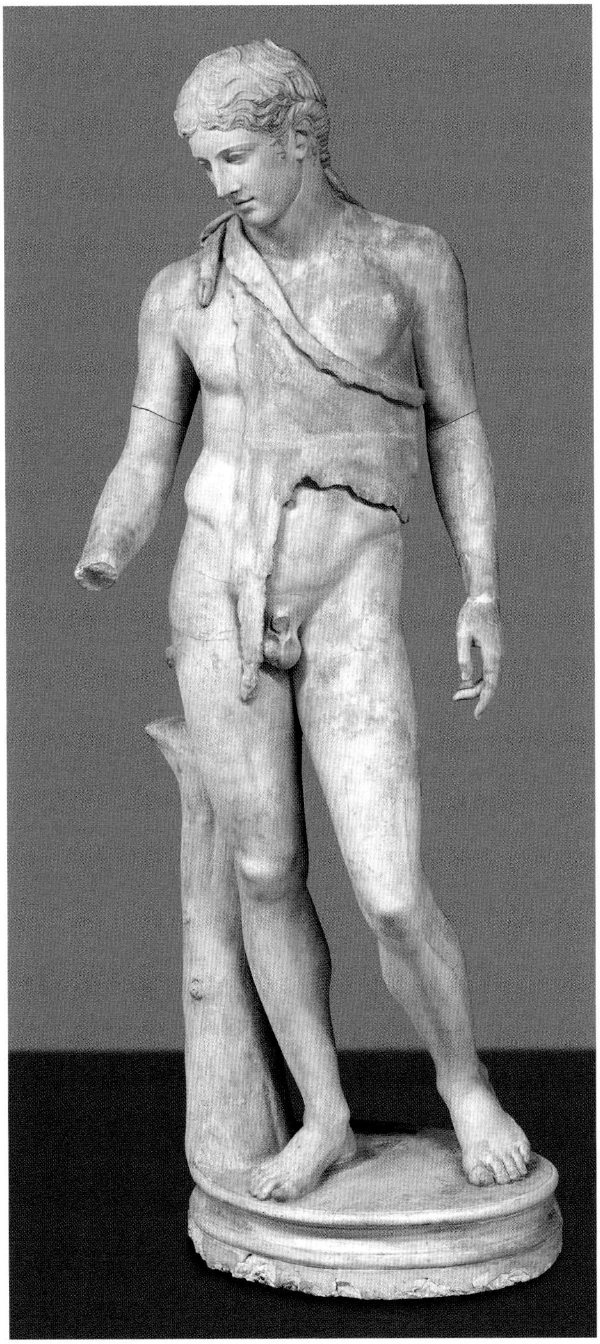

Abb. 6 Unbekannter Bildhauer: Umdeutung eines polykletischen Athleten als *Bacchus*
Marmor, 2. Jh. n. Chr.
Rom, Palazzo Massimo (hier im Dresdner Abguss: Inv. ASN 2291)

nach dessen Tod zuteilgeworden ist. Wir werden weiter unten sehen, dass die Berühmtheit Polyklets auch bei einigen anderen statuarischen Typen den Ausschlag für die überaus umfangreiche Rezeption gegeben haben muss. Ruhig stehende Athleten, die Zeitgenossen Polyklets kreiert haben, etwa der *Athlet Typus Monteverde*[56] und ein jugendlicher *Athlet*, den eine Statue in der Sempergalerie vertritt (Abb. 5),[57] sind in der römischen Kaiserzeit offenbar nur vergleichsweise selten kopiert worden.

Die Beliebtheit des *Diskusträgers* kommt auch dadurch zum Ausdruck, dass Bildhauer auf das polykletische Werk selbst dann zurückgegriffen haben, wenn sie gar nicht die Absicht hatten, einen Athleten zu kreieren. Thematische Veränderungen dieser Art, in deren Rahmen ein Athlet beispielsweise in einen Gott verwandelt wurde, machen als sog. Umdeutungen einen nicht unerheblichen Teil der römisch-kaiserzeitlichen Statuenproduktion aus. In der Überlieferung des *Diskusträgers* sind Umdeutungen als Hermes (Mercurius), als Herakles (Hercules)[58] und als Dionysos (Bacchus; s. u.) bezeugt sowie solche, die sich nicht sicher benennen lassen[59] und/oder einen Porträtkopf getragen haben.

Zur Dresdner Sammlung gehört – in Gestalt eines Abgusses – eine bildhauerisch besonders anspruchsvolle Umdeutung (Abb. 6).[60] Der Abguss geht auf eine im Jahr 1881 in der Hadriansvilla bei Tivoli gefundene Statue des *Dionysos* zurück,[61] die über längere Zeit hinweg nicht als Umdeutung des *Diskusträgers* zu erkennen war, weil man ihr linkes Bein in der Erstergänzung so restauriert hatte, dass der Fuß nicht mit der ganzen Sohle auf dem Boden ruhte. Der Abguss zeigt eben diese Ergänzung. Aus der zweiten, aus der Position des Knies in zutreffender Weise abgeleiteten Ergänzung geht jedoch hervor, dass das Standmotiv mit demjenigen des *Diskusträgers* übereinstimmte. Ungewiss ist lediglich die Ausrichtung des rechten Fußes, der samt dem Mittelstück der Plinthe antik und zugehörig ist. Auch in der Gesamthöhe und in der Körperhöhe sowie in der Position der Hoden stimmt der *Dionysos* mit dem *Diskusträger* überein.[62] Die Kopfhaltung ist überaus ähnlich und wie beim Athleten liegt der

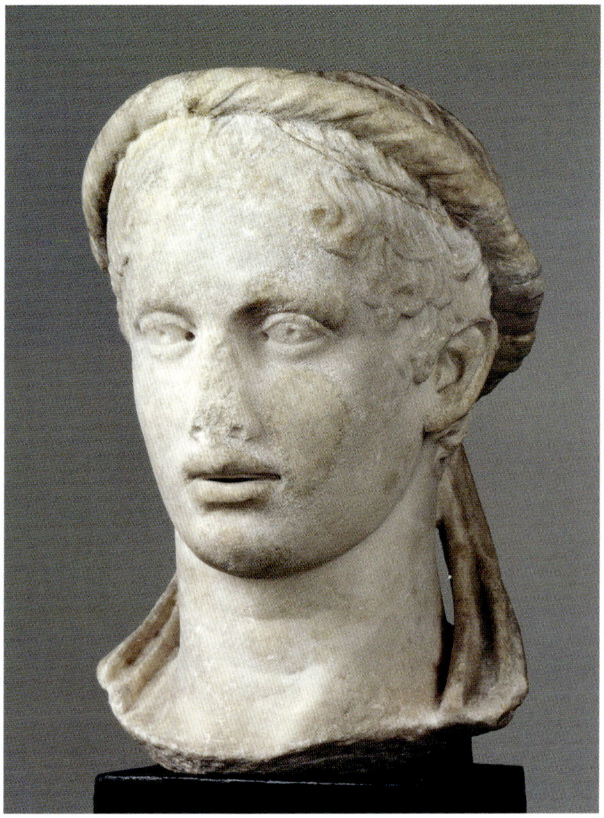

Abb. 7 Unbekannter Bildhauer:
Teilkopie eines polykletischen Athleten, mit zusätzlicher Haarbinde
Marmor, 2. Jh. n. Chr.
Dresden, Skulpturensammlung, Inv. Hm 96

linke Oberarm enger am Körper an als der rechte. Die mit einer der vatikanischen Repliken[63] übereinstimmende Position des Ansatzes für einen Steg zum rechten Handgelenk spricht außerdem dafür, dass auch die Haltung des rechten Unterarms nicht von derjenigen des Vorbilds abwich.[64]

Gegenüber dem hochklassischen Vorbild hat der in hadrianischer Zeit tätige Bildhauer des *Dionysos* einige Veränderungen vorgenommen; er hat ein Fell hinzugefügt, auf die Wiedergabe des Schamhaars verzichtet und den Gott mit einem Attribut ausgestattet, das sich von demjenigen des *Diskusträgers* unterschieden haben muss. Besonders raffiniert ist seine Veränderung der Körperbildung. Wie es für Darstellungen des Dionysos seit dem 4. Jh. v. Chr. üblich ist, erscheint der Körper des Gottes als deutlich ›weicher‹ als derjenige des polykletischen *Athleten*. Völlig neu konzipiert hat der Bildhauer des *Dionysos* außerdem die Frisur, da für eine Darstellung dieses Gottes die Kurzhaarfrisur, durch die sich alle männlichen Statuen Polyklets auszeichnen, durchaus ungeeignet war.

Die Dresdner Sammlung verfügt zusätzlich zum Abguss des *Dionysos* noch über eine weitere Umdeutung des polykletischen *Athleten*, und zwar in Form einer Herme aus Marmor, die eine wulstförmige Binde im Haar trägt (Abb. 7).[65] Es ist ungewiss, ob es die Wulstbinde in der Antike erlaubte, im Dargestellten eine bestimmte mythologische Figur, etwa Herakles, zu erkennen. Wahrscheinlich sollte die Binde nur einen allgemeinen Hinweis darauf geben, dass mit dem Kopf kein Sterblicher gemeint ist. Anders als es bei vollständigen Kopien der Fall ist, haben die Bildhauer von Teilkopien gelegentlich die Kopfhaltung des Vorbilds verändert. Beim Kopf der Dresdner Herme kommt dies darin zum Ausdruck, dass er im Unterschied zum Vorbild gerade nach vorn weist. Weitere Abweichungen vom Vorbild, die punktförmigen Eintiefungen der Pupillen und der Karunkeln, sind spät- oder nachantiken Ursprungs; sie verleihen dem Gesichtsausdruck eine eigentümliche Lebendigkeit.

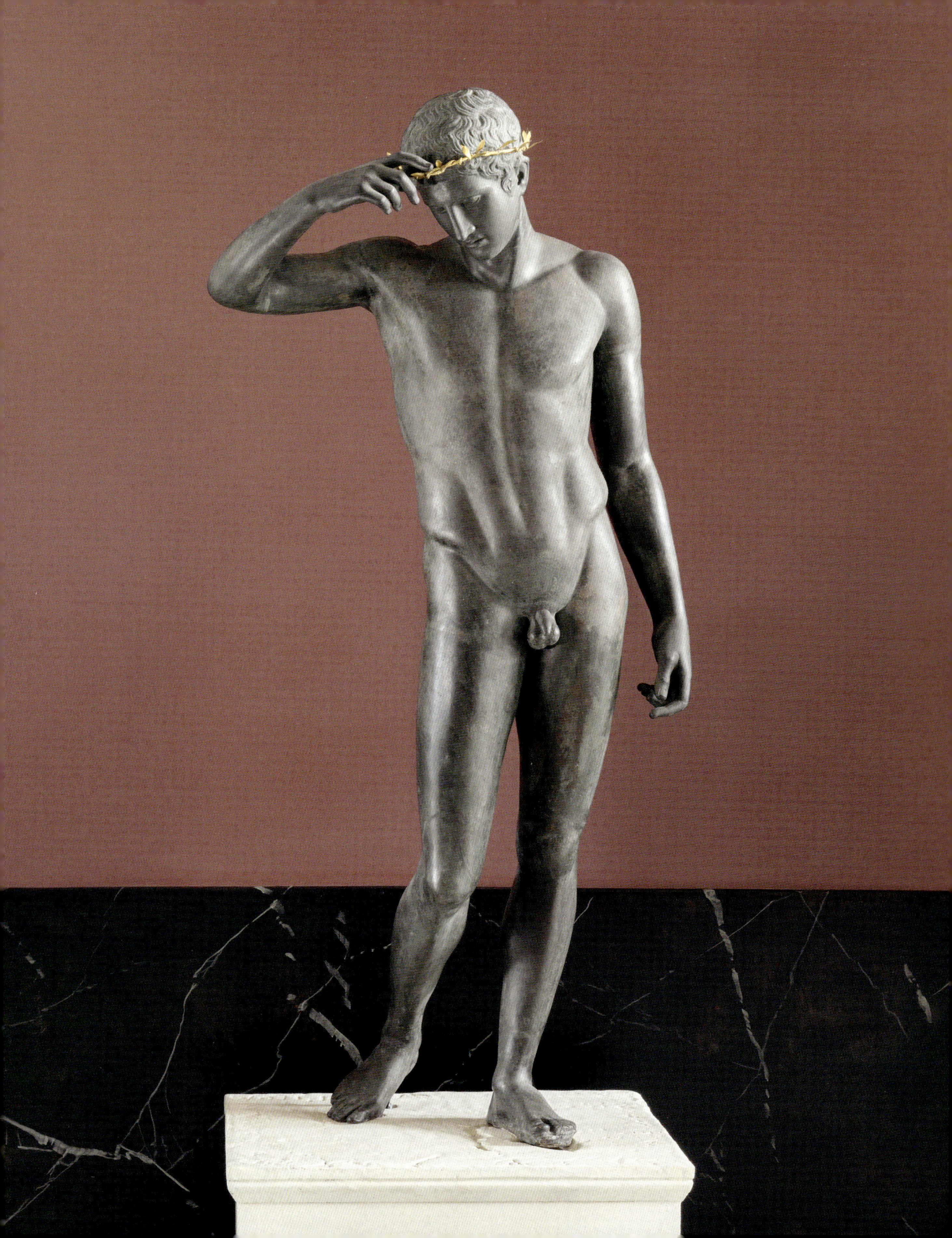

2

Statue des Olympiasiegers Kyniskos, sog. Ephebe Westmacott

In Olympia ist im Jahr 1877 eine fragmentarisch erhaltene Basis entdeckt worden, auf welcher der Inschrift zufolge die Statue eines gewissen Kyniskos aus Mantinea in Arkadien gestanden hat, der im Faustkampf den Sieg davongetragen hatte. Von Pausanias, der um 175 n. Chr. Olympia bereist und ein Verzeichnis der dort aufgestellten Siegerstatuen angelegt hat, erfahren wir überdies, dass Kyniskos in der Altersklasse der Knaben gesiegt hat und dass ihm die Ehre zuteilwurde, von Polyklet ›porträtiert‹ zu werden.[66] Kyniskos hat wahrscheinlich bei den Spielen des Jahres 460 v. Chr. den Sieg davongetragen (vgl. unten); dass seine Heimatstadt Mantinea Polyklet den Auftrag für die Herstellung der Statue bald nach diesem Ereignis erteilt hat, darf als sehr wahrscheinlich angesehen werden.

Die 61 cm breite und 54 cm tiefe Basis für die Siegerstatue des Kyniskos ist unten gebrochen und besitzt deshalb nur noch eine Höhe von 18 cm. Treu hat im Jahr 1900 eine vervollständigte Fassung in Gips herstellen lassen (Abb. 1), deren Höhe von 32 cm sich an derjenigen anderer einstufiger Basen olympischer Siegerstatuen orientiert.[67] Eine Rekonstruktion als zweistufige Basis kommt für die *Kyniskos*-Basis wegen ihrer relativ großen Tiefe von 54 cm wohl nicht in Betracht.[68]

Auf der Oberseite der Basis zeichnet sich zwar nicht der Umriss des linken Fußes ab – auf anderen olympischen Basen gibt es entsprechende, aus der Verwitterung der Oberfläche resultierende Spuren –, doch kann die Fußlänge der Bronzestatue des Kyniskos anhand der Einlassungsspuren für die Fußverzapfung auf ca. 22,5 bis 23 cm geschätzt werden.[69] Der Abstand zwischen dem rechten Fußballen und der Ferse des linken Fußes dürfte etwa 15 cm betragen haben. Im Standmotiv und in der aus der Fußlänge abzuleitenden Größe passt zur Basis bestens eine römisch-kaiserzeitliche Statue in London,[70] die aus der Sammlung des englischen Bildhauers Richard Westmacott (1775–1856) stammt. Der erwähnte Abstand beträgt bei ihr 16 cm (am Abguss: 15 cm) und die Fußlänge 23,5 cm (am Abguss: 23 cm). Dass die Standmotive des *Epheben Typus Westmacott* und des *Kyniskos* nicht nur ähnlich sind,[71] sondern übereinstimmen, ist mehrfach, unter anderem anhand einer zeichnerischen Rekonstruktion, nachgewiesen worden.[72] Auch wenn Treu selbst sich nicht zu der von ihm veranlassten Rekonstruktion schriftlich geäußert hat, ist der erstmals im Jahr 1892 befürworteten Kombination von Basis und statuarischem Typus von vielen Seiten zugestimmt worden.[73]

Dass der nach der Londoner Statue als *Ephebe Westmacott* bezeichnete, etwa 1,45 m messende statuarische Typus auf ein von Polyklet geschaffenes Original zurückgehen muss, ist wegen der Disposition des Haupthaars unstrittig. Die diesbezüglich beste Überlieferung bieten, wie vornehmlich aus dem Vergleich der linken Profile hervorgeht, die Repliken in Sankt Petersburg (Abb. 2–3), im Soane's Museum in London, in der Centrale Montemartini in Rom sowie die namengebende Replik. Die aus großkörnigem griechischem Inselmarmor bestehende Dresdner Kopfreplik (Abb. 4–5) reicht in der Qualität der Lockengestaltung zwar nicht an diese vier Stücke heran, bietet aber eine zuverlässige Überlieferung nahezu aller Einzelmotive der Frisur und hinterlässt zudem im Hinblick auf die Wiedergabe des Gesichts einen überzeugenden Eindruck.[74]

Für den *Epheben Typus Westmacott* kommt auch deshalb kein anderer Bildhauer als Polyklet infrage, weil sich der statuarische Typus einer enormen Beliebtheit erfreut hat. Diese lässt sich ablesen an der Zahl von mehr als 50 erhaltenen Kopien und Umdeutungen, aus der auf eine einstige Zahl (im 2. Jh. n. Chr.) von mindestens 500, wahrscheinlich aber – inklusive der fast ohne Ausnahme

Abb. 1 Polyklet: Statue des Olympiasiegers *Kyniskos* Rekonstruktion in Gips, 1900 Dresden, Skulpturensammlung, Inv. ASN 5042

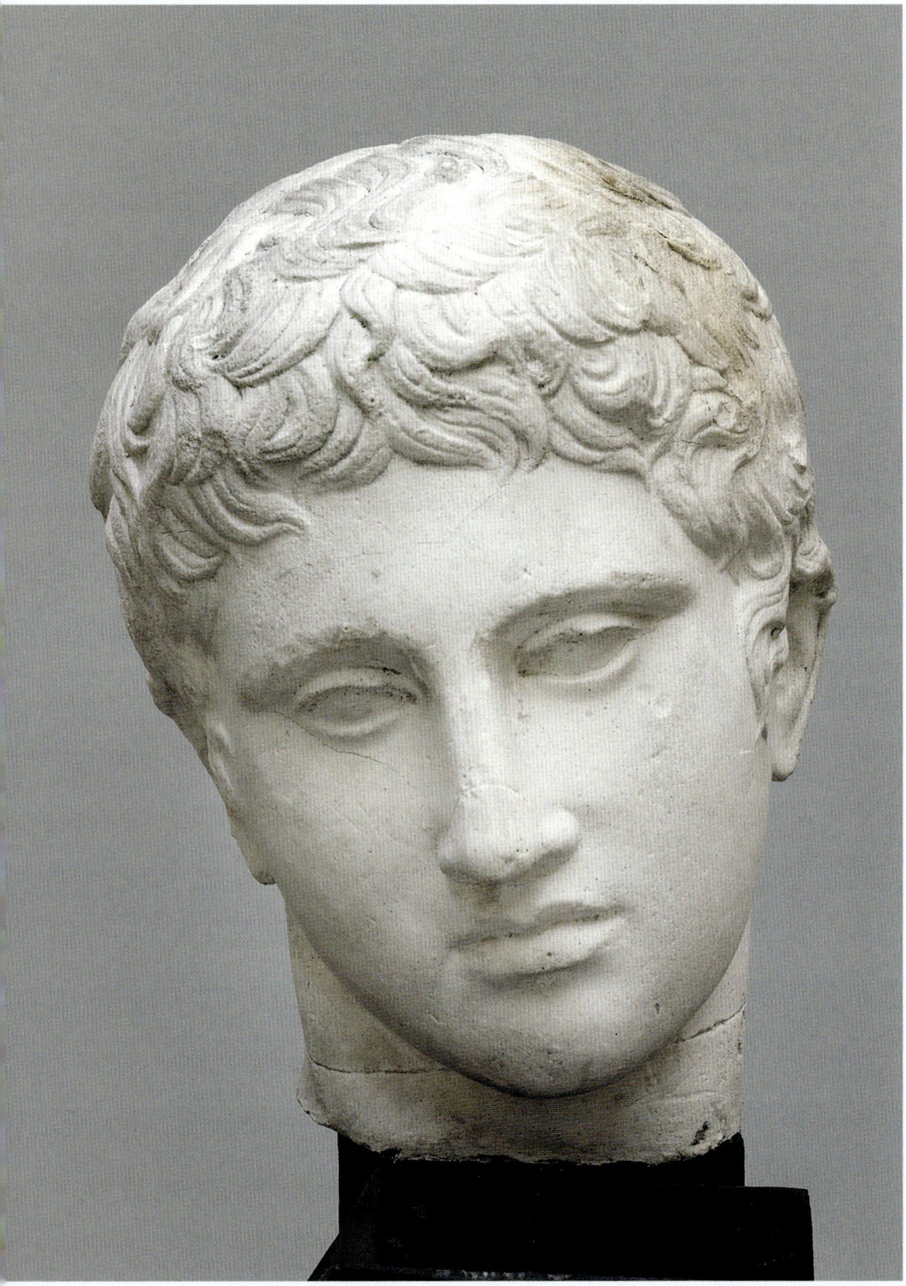

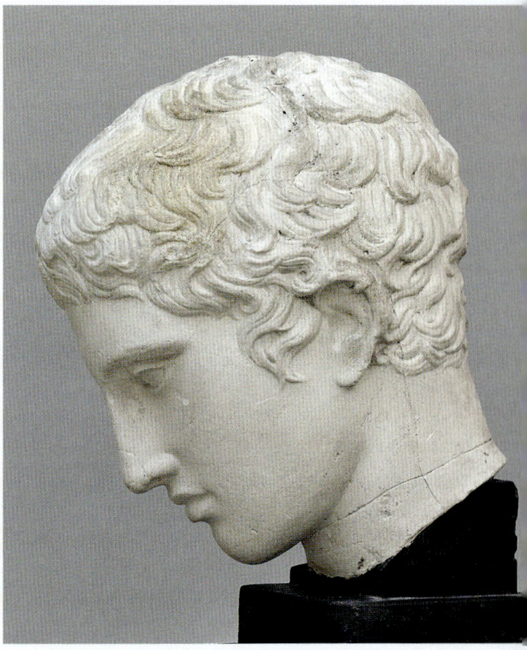

Abb. 2–3 Unbekannter Bildhauer:
Kopf einer Kopie des *Kyniskos*
Marmor, 1. Jh. n. Chr.
Sankt Petersburg, Ermitage
(hier im Dresdner Abguss: Inv. ASN 2021)

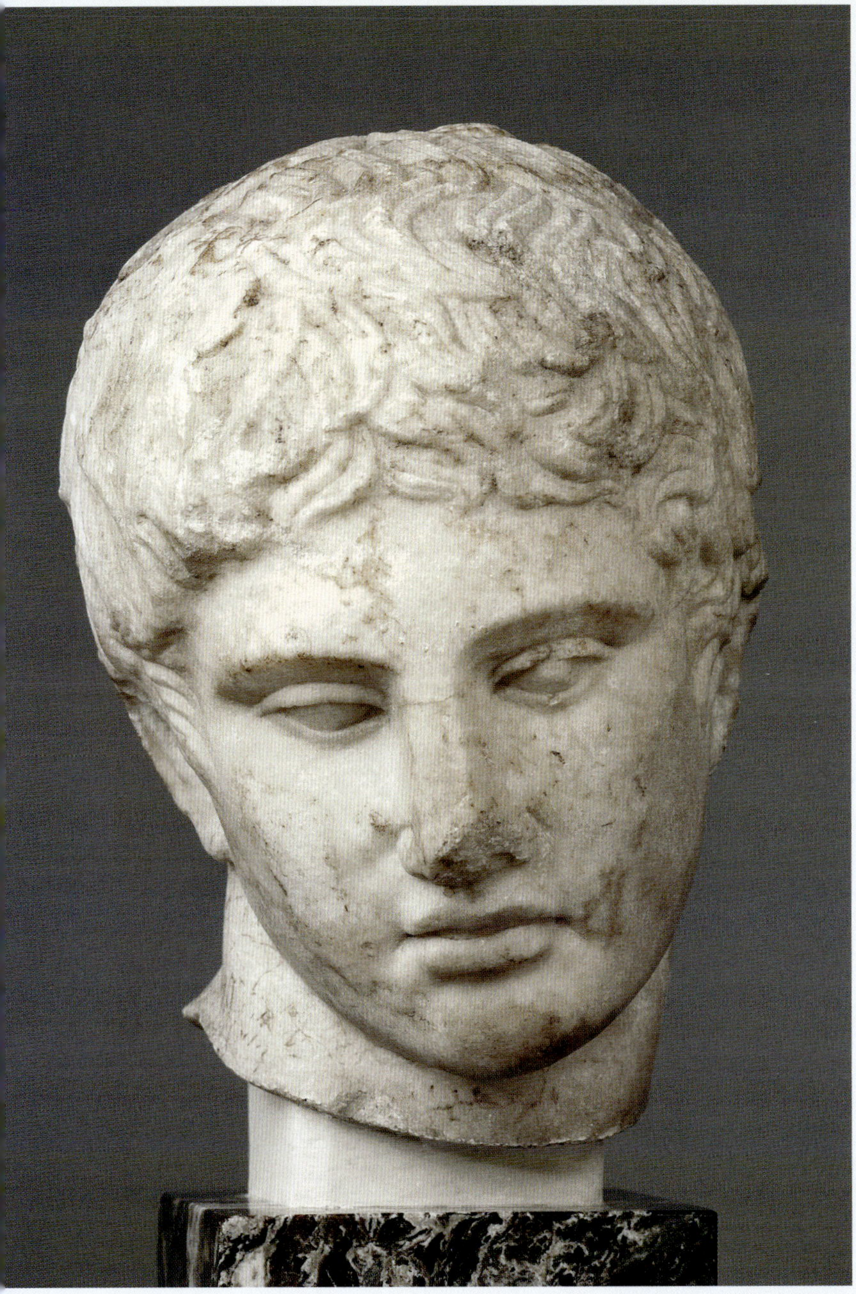

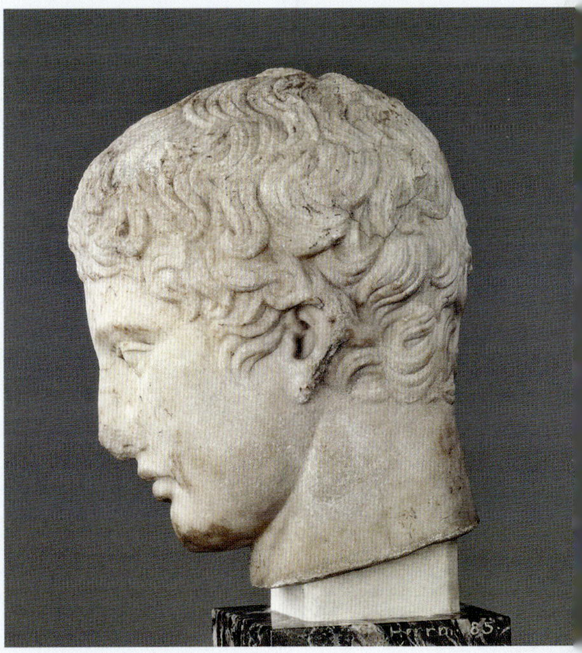

Abb. 4–5 Unbekannter Bildhauer:
Kopf einer Kopie des *Kyniskos*
Marmor, 1. Jh. n. Chr.
Dresden, Skulpturensammlung, Inv. Hm 85

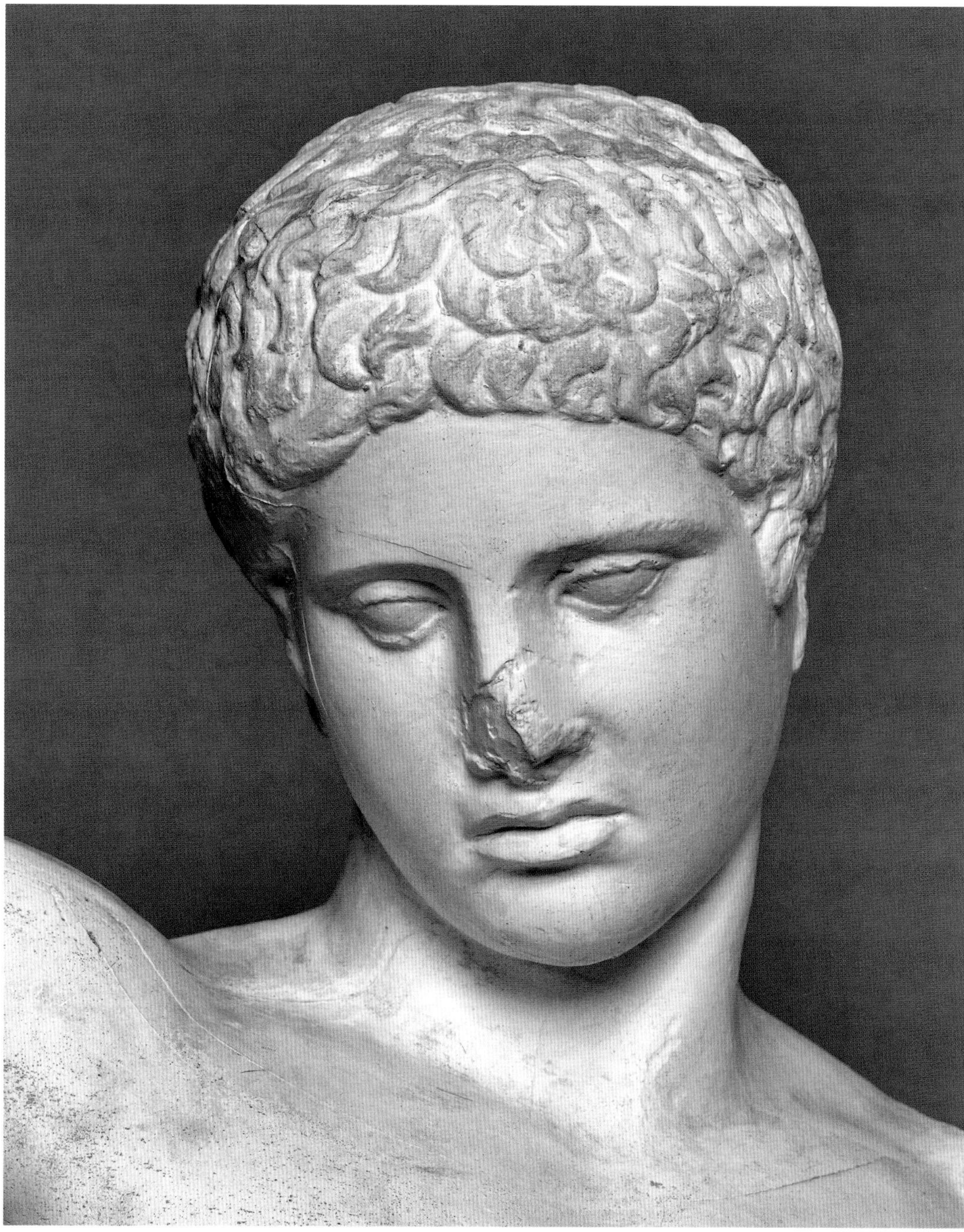

Abb. 6 Unbekannter Bildhauer: Porträtstatue
nach einem polykletischen Vorbild (Detail)
Marmor, spätes 1. Jh. n. Chr.
Rom, Museo Barracco (hier im Dresdner Abguss:
Inv. ASN 2403)

eingeschmolzenen bronzenen Kopien – von mehr als 1000 Kopien geschlossen werden darf. Den Ausschlag für die Beliebtheit kann, da der Dargestellte ›nur‹ ein Athlet ist, nichts anderes als die Berühmtheit des Bildhauers gegeben haben. Eben die Berühmtheit müsste dann auch der Grund dafür sein, dass man in der römischen Kaiserzeit in Olympia ausgerechnet nur diese eine Statue abgeformt hat.[75]

Von der Beliebtheit des statuarischen Typus zeugen außer Kopien zudem diverse Umdeutungen, vornehmlich als Bacchus und als Merkur. Zu Umdeutungen als Merkur haben beispielsweise Köpfe in Mailand und in Oxford gehört.[76] Auch das Oberteil einer Statue im Museo Barracco (Abb. 6) kann im Thema nicht mit dem statuarischen Vorbild übereingestimmt haben. Es weicht in der Frisur so gravierend von den Repliken ab, dass man davon ausgehen darf, dass der statuarische Typus in diesem Fall zu Porträtzwecken verwendet worden ist.[77] Um die Figur als Bildnis kenntlich zu machen, genügte es, die Frisur so zu verändern, dass sie nur noch entfernt an die polykletische erinnerte. Die Angabe individueller physiognomischer Merkmale des Verstorbenen wurde offenbar als nicht notwendig erachtet.[78]

Das Haupt der polykletischen Statue war wahrscheinlich in ähnlicher Weise, wie es die Dresdner Rekonstruktion (Abb. 1) zeigt, mit einem Kranz aus Zweigen des Ölbaums, dem Siegespreis, geschmückt. Da der Kranz zu kleinteilig war, um abgeformt werden zu können – die Kopisten hatten offenbar keine Kenntnis von seinem Aussehen und haben ihn fast immer weggelassen –, und da sich die rechte Hand bei keiner der vielen Kopien vollständig erhalten hat,[79] lässt sich nicht genau rekonstruieren, welche Aktion der siegreiche Athlet mit seiner Hand vollführte und wie die Finger dabei gehalten wurden. Vermutlich war die Hand ein wenig geöffnet und ungefähr so in die Nähe des Kranzes geführt, wie es eine dem *Kyniskos* haltungsmotivisch sehr ähnliche Bronzestatue des Eros überliefert, die man 1907 in einem Schiffswrack vor der tunesischen Küste entdeckt hat.[80] Die Position von Unterarm und Hand machte es den Kopisten der polykletischen Statue so gut wie unmöglich, das rechte Handgelenk durch eine zum Kopf führende Strebe zu sichern. Bei einer Kopfreplik in Cambridge[81] und bei dem Pasticcio aus *Kyniskos* und Kopf des *Idolino* hat sich über der rechten Stirnpartie jeweils der Ansatz einer Strebe erhalten, die zu den Fingern geführt haben dürfte.[82]

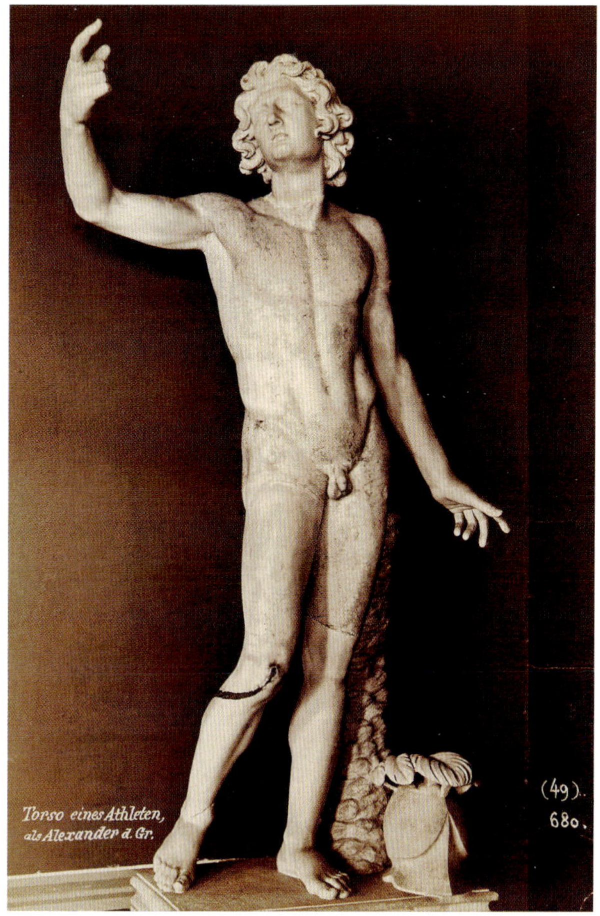

Abb. 7 Unbekannter Bildhauer:
Torso einer Kopie des *Kyniskos*
Marmor, 2. Jh. n. Chr., mit barocken Ergänzungen,
Dresden, Skulpturensammlung, Inv. Hm 84
(hier in einer Aufnahme von H. Krone, um 1887)

Für die Verankerung des *Kyniskos* im Frühwerk des Polyklet spricht der Umstand, dass die Ohren im Gegensatz etwa zum *Dresdner Knaben* und zum *Narkissos* nur ansatzweise vom Haar bedeckt werden (Abb. 3). Auch die Strähnenlänge des *Dresdner Knaben* und erst recht diejenige des *Paniskos* ist noch nicht erreicht; insgesamt steht der Kopf vielmehr demjenigen des *Diskusträgers* (Kat. 1) ziemlich nahe. Insbesondere das Verhältnis zwischen Gesicht und Haar sowie die Disposition des Stirnhaars bieten keinerlei Anlass, zwischen der Entstehungszeit beider Werke einen

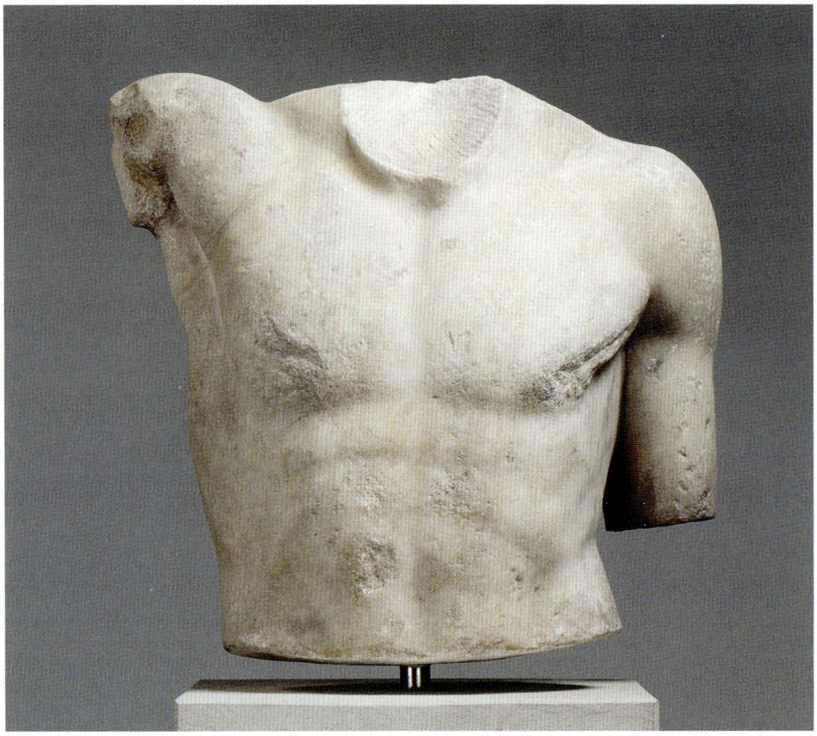

Abb. 8 Unbekannter Bildhauer: Torso einer Kopie des *Kyniskos*
Marmor, 1. oder 2. Jh. n. Chr.
Dresden, Skulpturensammlung, Inv. Hm 86

zeitlichen Abstand von mehr als fünf Jahren anzunehmen. Die einseitige ›Öffnung‹ des *Epheben* geht der kanonischen, im überlebensgroßen *Doryphoros* (Kat. 3) exemplifizierten ›Ideal-Gestaltung‹ des nackten männlichen Körpers voraus. Die deutliche Biegung der Linea alba ist als ein früher Versuch anzusehen, einen Ausgleich in der ›Lastenverteilung‹ herbeizuführen.

Zweifler an der Verbindung zwischen Basis und statuarischem Typus konnten sich immer nur auf Eindrücke berufen, die sich bei der Betrachtung der Londoner Statue oder einer Rekonstruktion gewinnen ließen: »so biegsam und schlank, daß man an ein Spätwerk denken möchte«,[83] oder »der freiere Rhythmus spricht für eine Entstehung nach dem Doryphoros«.[84] Auf die erste Stimme, die sich zweifelnd zu der Verbindung geäußert hat, kommt kein Autor mit einem Wort zu sprechen. Es war Walther Amelung, der 1919 die Meinung vertrat, »der Westmacottsche Athlet könne nicht den Kyniskos wiedergeben, da dieser der frühen Zeit des Polyklet angehört«.[85] Ich denke, dass Amelungs Urteil noch unter dem Eindruck von Furtwänglers Datierungsvorschlag »um 440« steht.[86] Robert hat das Siegesdatum des Kyniskos – wahrscheinlich 460 v. Chr. (80. Olympiade) – erst sieben Jahre nach dem Erscheinen von Furtwänglers *Meisterwerken*, im Jahr 1900, erschlossen,[87] und Amelung hatte anscheinend Schwierigkeiten damit, seine vor 1900 gewonnene Vorstellung von der Entstehungszeit des Typus zu revidieren.[88] Bei späteren Zweiflern irritieren die Leichtfertigkeit, mit welcher der statuarische Typus aus dem Œuvre Polyklets entfernt, und die Tatsache, dass der *Kyniskos* gar nicht mehr erwähnt wird.[89] Eine Auseinandersetzung mit älteren Forschungsmeinungen erfolgt nicht. Schuchhardts Beurteilung aus dem Jahr 1940 findet ihren Niederschlag in den Einschätzungen seiner Schüler und der Forscher, die unter dem Einfluss dieser Schüler gestanden haben. In Kreikenboms 1990 veröffentlichtem Buch *Bildwerke nach Polyklet* werden weder der *Kyniskos* noch der statuarische Typus erwähnt. Spätestens zu dieser Zeit, 90 Jahre nach ihrer Realisierung, drohte Treus Rekonstruktion gänzlich in Vergessenheit zu geraten.[90] Die neue Präsentation in der Antikenhalle im Semperbau darf indes als ein Plädoyer für Treus gewinnbringenden Ansatz angesehen werden.

Als die aus bestem parischem Marmor bestehende Dresdner Torsoreplik im Jahr 1729 aus der Sammlung Chigi nach Dresden gelangte, war sie ›entstellt‹. Ein im 17. Jahrhundert tätiger Bildhauer, vermutlich Baldassare Mari, hatte sie mit Kopf, Extremitäten und Basis aus Carrara-Marmor vervollständigt, und zwar als Porträtstatue Alexanders des Großen (Abb. 7).[91] Johann Gottfried Lipsius bemerkte dazu in seiner 1798 im Druck erschienenen *Beschreibung der Churfürstlichen Antiken-Galerie in Dresden*:[92] »*Alexander der Grosse*, wenigstens ist er als dieser im Le Plat Tab. 47 angegeben. Er steht, mit herabgelassener und seitwärts vom Körper abgehaltener Linken, mit nach der Seite erhobener Rechten, und eben dahin, mit ein wenig rückwärts gebogenem Kopfe, gewandtem Gesichte, als wenn er sein Vertrauen zu den Göttern, die seine Unternehmungen begünstigen sollen, ausdrücken wollte, mit dem linken Beine an einem Baumstamme. Das wäre ohngefehr die Erklärung, die man von der Stellung dieser Statue machen könnte, wenn sie ganz alt wäre. Aber da Kopf, Hände, Füsse und Helm, der auf der Erde vor dem Baumstamme steht, neu, und nur der Körper und der Baumstamm alt sind, so kann man sie eben so gut für einen *Athleten* annehmen. Ist 2 Ellen 20 Zoll hoch, und aus eben der Sammlung [sc. Chigi].« Dass sich der Ergänzer des Torsos bei der Gestaltung des neuen Kopfes an dem berühmten antiken Kopf orientiert hat, in welchem man seinerzeit den mit dem Tod ringenden Alexander vermutete,[93] ist leicht zu erkennen. Ob auch der Gestus der rechten Hand den Todeskampf des Makedonen zum Ausdruck bringen sollte, ist hingegen schon für die Personen, die den ›Alexander‹ im 18. Jahrhundert betrachtet haben, nicht mehr ersichtlich gewesen.[94]

Der namentlich nicht bekannte Ergänzer einer weiteren, gleichfalls aus dem Nachlass von Flavio Chigi stammenden Torsoreplik des *Epheben Westmacott* (Abb. 8) hat den Athleten in den Gott Hermes verwandelt und damit eine inhaltliche Änderung vollzogen, wie sie bereits für die römische Kaiserzeit bezeugt ist (s. o.).[95] Da auch bei dieser Antike die Ergänzungen schon seit Langem abgenommen sind – sie gehört zu den wenigen Werken der Skulpturensammlung, die mehr als 50 Jahre vor Treus großer, in den in 1890er-Jahren realisierter De-Restaurierungskampagne auf ihren antiken Bestand reduziert worden sind –, muss man alte Beschreibungen und den Stich von Georg Martin Preissler (Abb. 9) heranziehen,

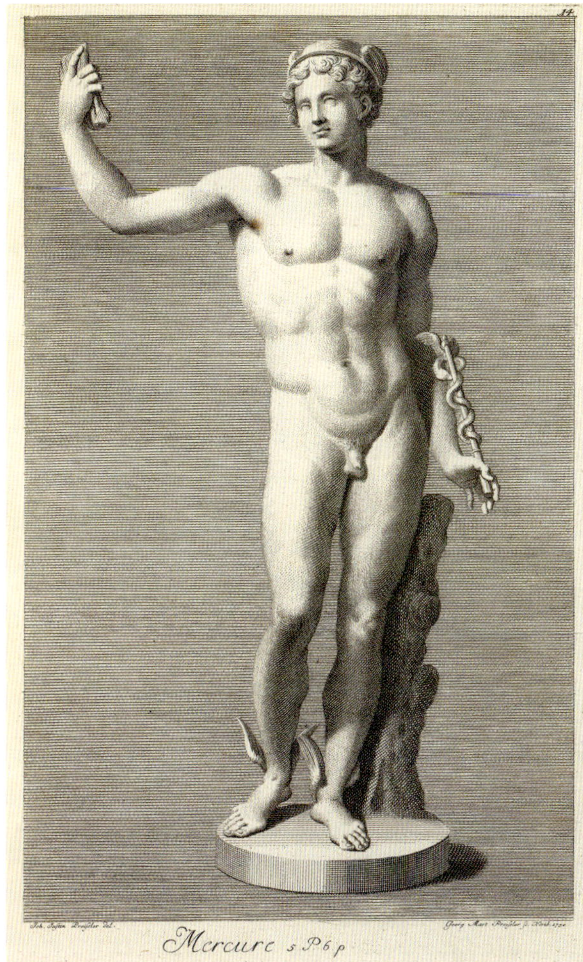

Abb. 9 Unbekannter Bildhauer: Torso einer Kopie des *Kyniskos*
Marmor, 1. oder 2. Jh. n. Chr., mit barocken Ergänzungen
Dresden, Skulpturensammlung, Inv. Hm 86 (hier im Stich aus Leplats *Recueil*, 1733, Taf. 14)

um sich vom einstigen Aussehen der Statue eine Vorstellung zu verschaffen: »Die Statue des nackenden *Mercurius*, ein wenig rechts sehend, mit vielen und lockigen Haaren, welche hinten mit dem Petasus bedeckt sind. In der mit gebognem Arm erhobenen Rechten hat er, als der Gott des Gewinns, einen Beutel, […].«[96]

Beide Dresdner Torsorepliken des *Epheben Westmacott* sind besonders prägnante Bespiele für die barockzeitliche Transformation antiker Bildwerke durch Ergänzung.

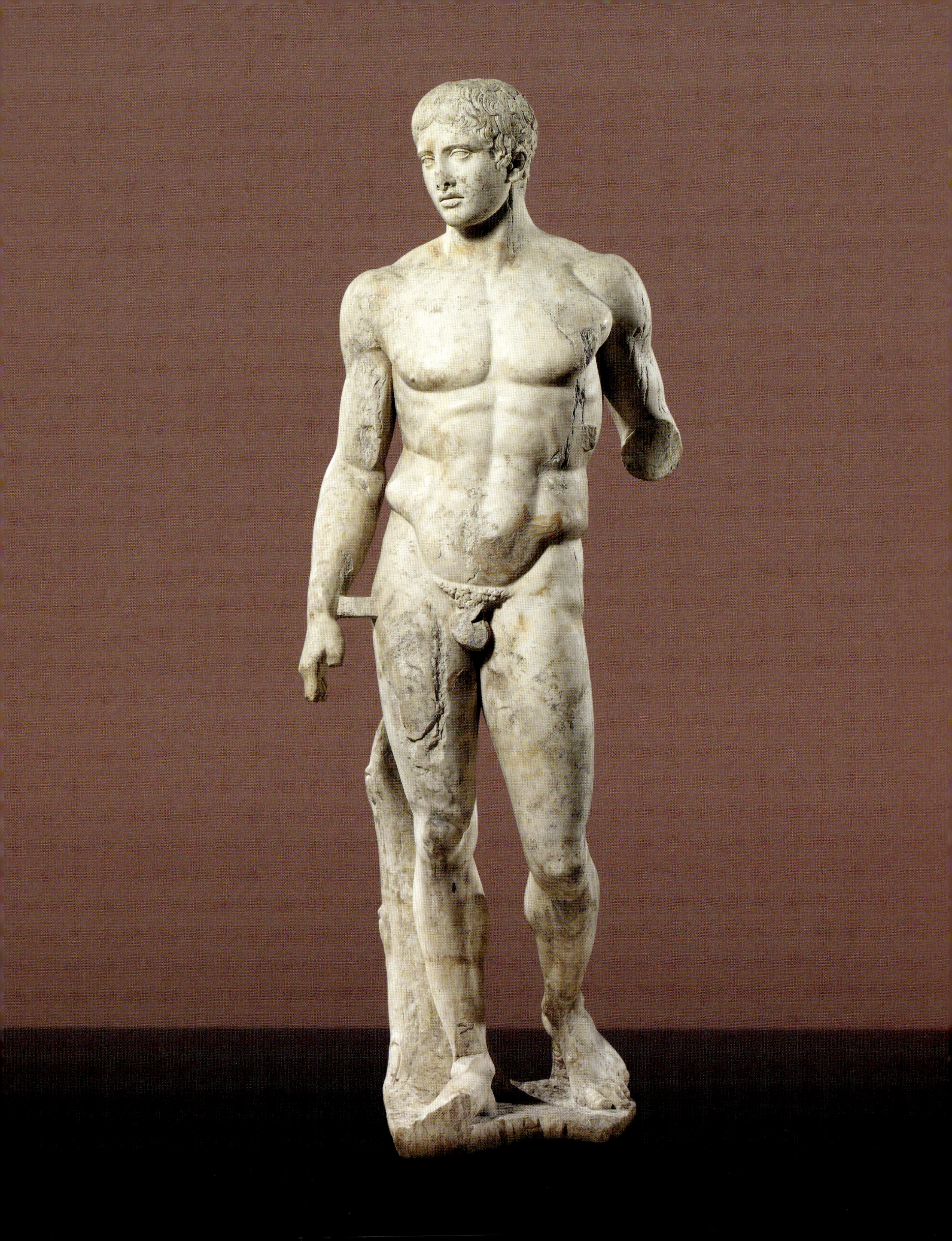

3

Statue des Achill (?), sog. Doryphoros

Der statuarische Typus des *Speerträgers* (griech. *doryphóros*), den mehr als 50 maßgleiche Körper- und Kopfrepliken überliefern, geht auf eine überlebensgroße Bronzestatue zurück, die einen muskulösen nackten Mann mit rechtem Stand- und linkem Spielbein zeigte (Abb. 1).[97] Wie bei fast allen übrigen Statuen Polyklets – die einzige bislang bekannte Ausnahme stellt der *Athlet* (Kat. 1) dar – ist das Spielbein dergestalt entlastet, dass sein Unterschenkel zurückgenommen ist und der Fuß nur mit dem Ballen und einigen Zehen den Boden berührt, sodass der Betrachter zunächst den Eindruck gewinnt, die Figur sei im Schreiten begriffen oder halte gerade im Schreiten inne. Die rechte Körperseite ist kontrahiert und der Kopf zu dieser Seite gedreht; der rechte Arm ist an der Körperseite herabgeführt, wobei die Hand leer bleibt, und der linke Arm in der Beuge so angewinkelt, dass der Unterarm eine horizontale Position einnimmt. In der Hand befand sich den literarischen Quellen zu dieser Statue zufolge ein Kurzspeer (griech. *dóry*), von dem die Kopisten des Originals offenbar keine Kenntnis besaßen, da eine Abformung des Attributs als nicht erforderlich oder als zu aufwendig angesehen wurde. Durch die Belastung von rechtem Bein und linkem Arm und die Entlastung der Gliedmaßen der jeweils gegenüberliegenden Seite hat Polyklet seiner Statue eine »chiastische«, also eine an die Form des griechischen Buchstabens Chi (X) erinnernde Rhythmisierung verliehen.

Abb. 1 Unbekannter Bildhauer: Kopie des polykletischen *Speerträgers* Marmor, erste Hälfte des 1. Jhs. n. Chr. Minneapolis, Minneapolis Institute of Arts, Inv. 86.6

Die stilkritische Beurteilung erlaubt es, Polyklets *Doryphoros* in das Jahrzehnt 450/40 v. Chr. zu datieren. Wenn der Arzt und Philosoph Galen mit seiner Aussage zur Entstehung von Statue und *Kanon* richtig liegt,[98] hat Polyklet seinen *Speerträger* im Anschluss an die Abfassung der Schrift *Kanon* geschaffen.[99] Wie bereits eingangs erwähnt wurde, ist es Karl Friederichs im Jahr 1863 gelungen, den statuarischen Typus zu konstituieren.[100]

Wen der polykletische *Speerträger* zeigte, lässt sich wohl nicht mehr ermitteln. In der Forschung wird eine Deutung als Achill (griech. *Achilleus*) favorisiert, was gut zur ›heroischen‹ Größe von etwa 2 m passt. In den antiken Texten wird jedoch an keiner Stelle spezifiziert, wer eigentlich mit dem Dargestellten gemeint ist. Ebenso wie römisch-kaiserzeitliche Autoren Polyklets Statue des *Apollon* (Kat. 10) einfach nur als *Diadumenos* bezeichnet haben, haben sie sich auch dann, wenn von der Statue des *Speerträgers* die Rede war, mit einem Hinweis auf die Tätigkeit begnügt.[101]

In Dresden ist Polyklets Hauptwerk nicht durch eine antike Replik vertreten. Hermann Hettner, Direktor der Antiken- und Abgusssammlung von 1855 bis 1882, führt in seiner Publikation der Dresdner Antiken zwar einen »Doryphoros« an,[102] doch ist dies nur die Folge davon, dass er den *Dresdner Knaben* (Kat. 12) mit dem polykletischen *Speerträger* verwechselt hat. Die Skulpturensammlung besitzt aber einen hervorragenden Stich, der eine antike Kopfreplik des *Doryphoros* zeigt. Bartolomeo Cavaceppi (1716–1799), der bedeutendste römische Antiken-Ergänzer des 18. Jahrhunderts, hat den Stich im zweiten Band seiner *Raccolta d'antiche statue, busti, bassirilievi* [...] auf Tafel 2 abgebildet (Abb. 2).[103] Meines Erachtens ist das von Cavaceppi publizierte Stück mit der Kopfreplik des *Doryphoros* zu identifizieren, die ein anderer berühmter römischer Restaurator, Vincenzo Pacetti, in nicht gerade einfühlsamer Weise einem nackten männlichen Torso aufgesetzt hat (Abb. 3).[104] Den antiken Torso dieser

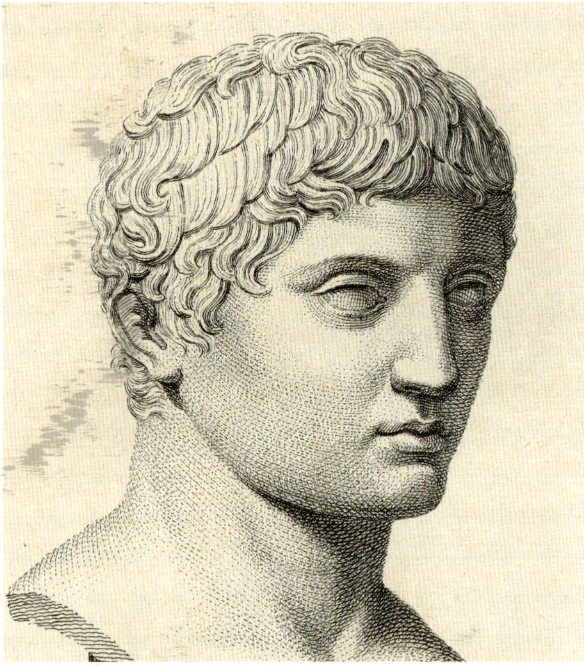

Abb. 2 Unbekannter Bildhauer:
Kopf einer Kopie des polykletischen *Speerträgers*
Marmor, frühes 1. Jh. n. Chr.
Rom, Vatikanische Museen, Inv. 1576
(hier im Stich aus Cavaceppis *Raccolta*)

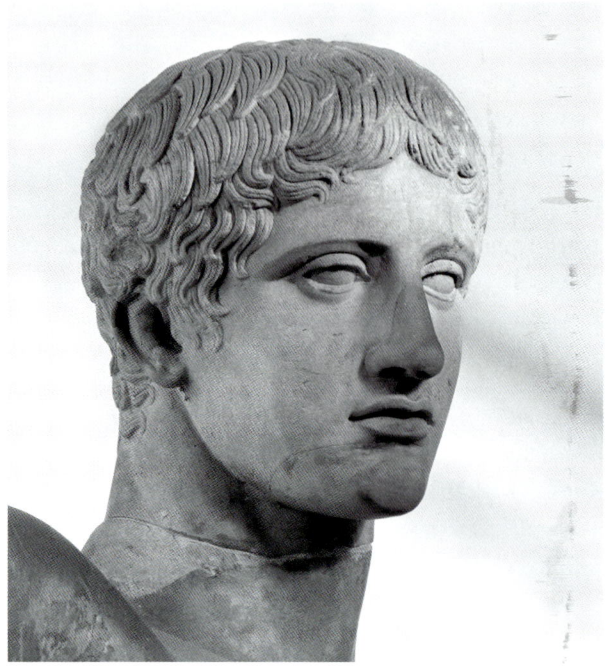

Abb. 3 Unbekannter Bildhauer:
Kopf einer Kopie des polykletischen *Speerträgers*
Marmor, frühes 1. Jh. n. Chr.
Rom, Vatikanische Museen, Inv. 1576

Komposition, die seit 1804 zur Vatikanischen Sammlung gehört (Abb. 4), hat Pacetti im Jahr 1787 aus der Villa D'Este in Tivoli erworben und etliche Jahre später einer Zweitrestaurierung unterzogen, welcher der im 16. Jahrhundert ergänzte neuzeitliche Kopf zum Opfer fiel. Er wurde ersetzt durch den antiken Kopf des *Doryphoros*, der allerdings weder von der Größe noch von der Haltung oder von der Marmorsorte her zum Torso passt. Auch bei dem Kopf, den er in Cavaceppis Nachlass vorgefunden haben muss,[105] war Pacetti gezwungen, die alte Restaurierung zu erneuern. Während er die vielen Flicken im Gesicht und an den Ohren belassen konnte, musste er den Kopf vor dem Aufsetzen auf den Körper von der neuzeitlichen, von Cavaceppis Hand stammenden Büste ›befreien‹.[106] Bei diesem wiederum hatte der Kopf, wie der Bildunterschrift zum Stich zu entnehmen ist, spätestens seit 1769 samt der Büste zum Verkauf gestanden. Ob die wenig aufregende Bezeichnung als »Atleta [Athlet]« oder die vielen Flicken im Gesicht dazu geführt haben, dass er mehr als 30 Jahre lang keinen Käufer finden konnte?

Vom Aussehen des polykletischen *Doryphoros* geben in Dresden außer dem Stich auch Gipsabgüsse, die zum Bestand der Skulpturensammlung gehören, eine gute Vorstellung. Vorhanden sind ein Abguss der berühmten Statue in Neapel, der allerdings wegen seiner grau eingetönten Oberfläche einen nicht sonderlich ansprechenden Eindruck hinterlässt,[107] der Abguss einer Teilkopie in Form einer Herme (s. u.) sowie ein aus der Sammlung von Anton Raphael Mengs stammender Abguss der nicht minder berühmten *Gruppe von San Ildefonso*, die ebenfalls nur einen Teil des *Speerträgers*, nämlich seinen Kopf, beinhaltet.[108]

Die im letzten Viertel des 1. Jhs. v. Chr. angefertigte *Ildefonso-Gruppe* (Abb. 5) ist eine der kuriosesten Schöpfungen der antiken Bildhauerkunst.[109] Ihr Bildhauer hat offenbar mit den Abgüssen von nicht weniger als vier verschiedenen Vorbildern operiert, die auch noch aus unterschiedlichen Zeiten stammen. Während die Körper auf zwei berühmte, von Praxiteles im 4. Jh. v. Chr. geschaffene Statuen zurückgehen, den sog. *Apollon Sauroktónos* (»Echsentöter«) und den *Eros Typus Centocelle*, dürften den Köpfen zwei Statuen von der Hand Polyklets zugrunde liegen. Nachzuweisen ist dies allerdings nur noch im Fall des Fackelträgers, dessen Kopf ohne Schwierigkeiten als verkleinerte und um einen Kranz bereicherte Wiederholung des *Doryphoros* bestimmt werden kann.[110] Der Kopf des sich Anlehnenden dagegen ist einer Ersetzung zum Opfer gefallen, zu der es in den 30er-Jahren des 2. Jhs. n. Chr. gekommen sein muss. Antinous, der Geliebte des Kaisers Hadrian, war im Jahr 130 im Nil ertrunken, was zur Folge hatte, dass der Kaiser zu seinem Gedenken unter anderem Tausende von Statuen her- und aufstellen ließ. Ausnahmsweise haben die für die Ehrung des Antinous zuständigen Behörden auch einmal die Umgestaltung einer bereits existierenden Skulptur(engruppe) veranlasst, wie es offenbar bei der hier besprochenen Gruppe der Fall war. Da die Kopfhaltung des Antinous bei keiner der polykletischen Statuen eine Entsprechung findet, lässt sich aus ihr nicht auf das Werk schließen, das zunächst mit dem Körper kombiniert war. Sollte der Kopf der Erstfassung stärker aufgerichtet und leicht nach links gedreht gewesen sein, käme der *Dresdner Knabe* als Vorbild infrage.

Näher als der Kopf des Madrider Fackelträgers kommt dem verlorenen polykletischen Original der Kopf einer Bronzeherme aus der zweiten Hälfte des 1. Jhs. v. Chr., die 1753 in Herkulaneum gefunden worden und in Dresden in Gestalt eines Abgusses vorhanden ist (Abb. 6–7).[111] Die Herme ist von einem anderweitig nicht bezeugten Athener Bildhauer namens Apollonios signiert und gehört damit zu den wenigen Kopien polykletischer Werke, die von ihrem Schöpfer mit dem eigenen Namen versehen worden sind,[112] ohne dass ein Hinweis auf den Bildhauer des

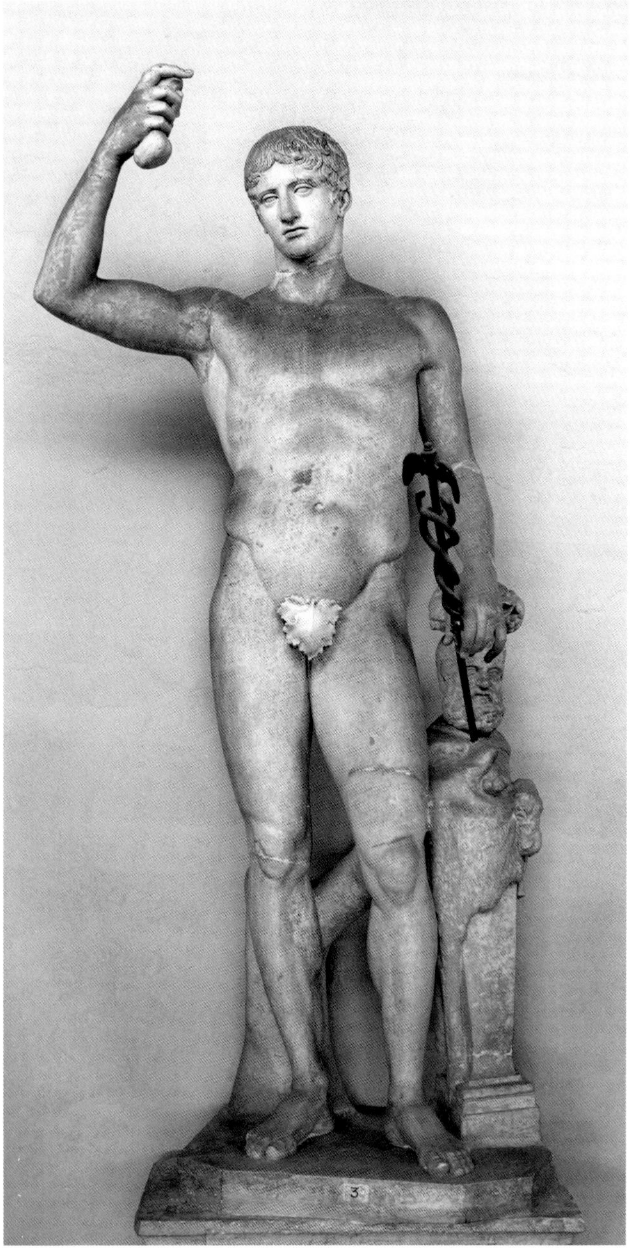

Abb. 4 Unbekannter Bildhauer:
Kopf einer Kopie des polykletischen *Speerträgers*
Marmor, frühes 1. Jh. n. Chr.
Rom, Vatikanische Museen, Inv. 1576 (hier in der Montage auf einen nicht zugehörigen Körper)

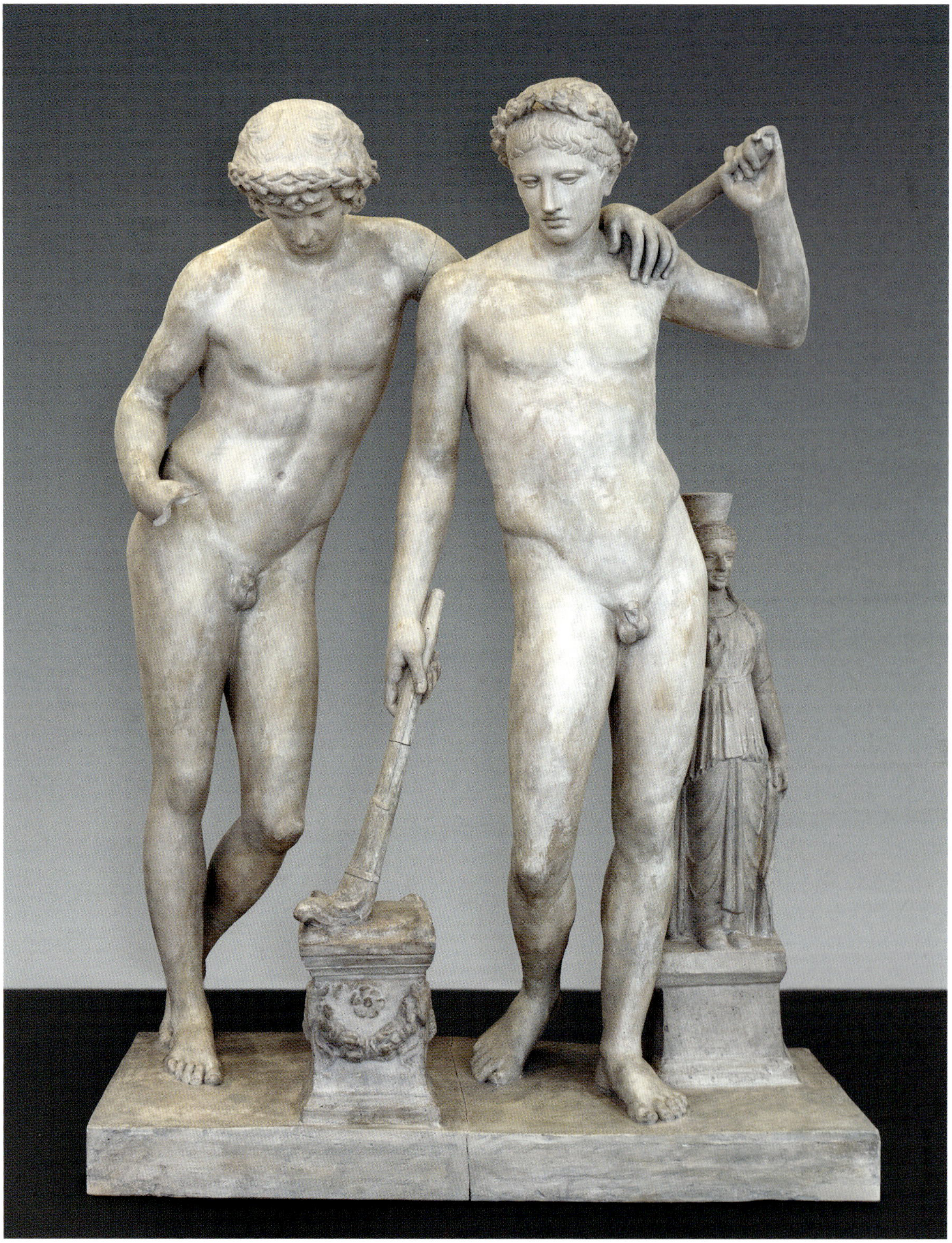

◄ Abb. 5 Unbekannter Bildhauer:
sog. *Gruppe von San Ildefonso*
Marmor, spätes 1. Jh. v. Chr.
Madrid, Museo del Prado
(hier im Dresdner Abguss: Inv. ASN 2379)

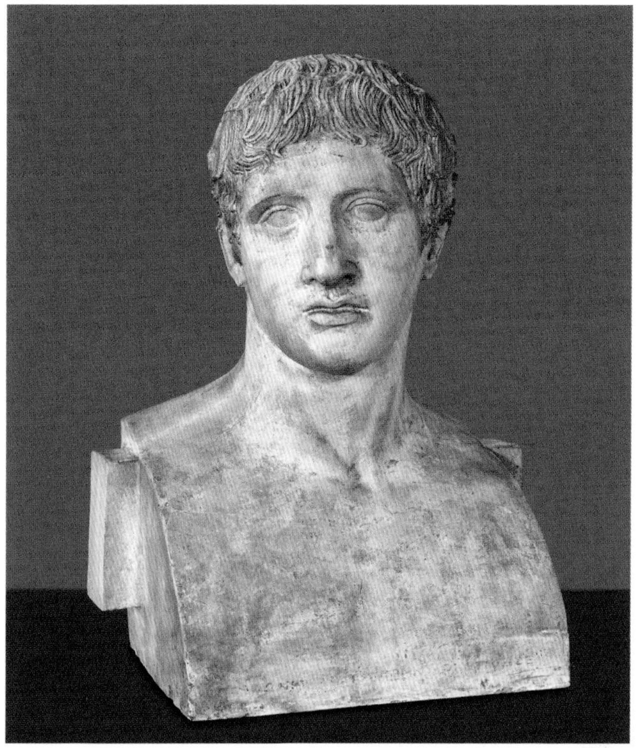

kopierten Originals erfolgt wäre. Die von Apollonios geschaffene Teilkopie hinterlässt den Eindruck, die Angabe ihres Herstellers zu Recht zu tragen: Die handwerkliche Ausführung ist von einer atemberaubenden Qualität und lässt fast vergessen, dass Apollonios' Leistung eigentlich ›nur‹ darin bestanden hat, den Gipsabguss einer Bronzestatue akkurat und auf den Kopf reduziert in Ton und anschließend in Bronze umzusetzen. Im Vergleich mit der Replik aus Grauwacke in Sankt Petersburg,[113] die ebenfalls von höchster Qualität ist, zeigt sich, dass Apollonios überaus sorgfältig gearbeitet hat. Beide Köpfe stimmen nicht nur in der Disposition aller Lockenmotive, sondern sogar in der Strukturierung der einzelnen Strähnenkompartimente weitgehend überein. Auch im Hinblick auf die Haltung hat Apollonios versucht, das polykletische Vorbild genau zu reproduzieren.

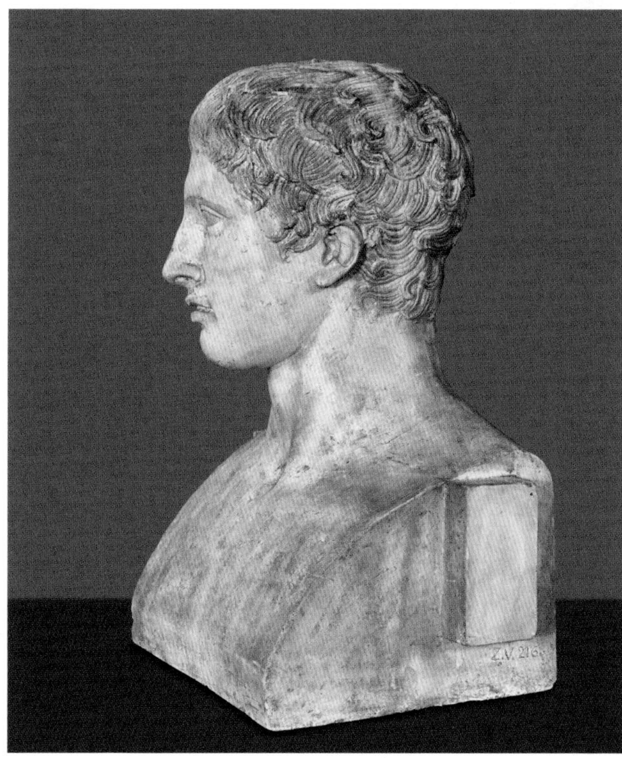

Abb. 6–7 Apollonios aus Athen:
Teilkopie des polykletischen *Speerträgers*
Bronze, zweite Hälfte des 1. Jhs. v. Chr.
Neapel, Museo archeologico
(hier im Dresdner Abguss: Inv. ASN 3051)

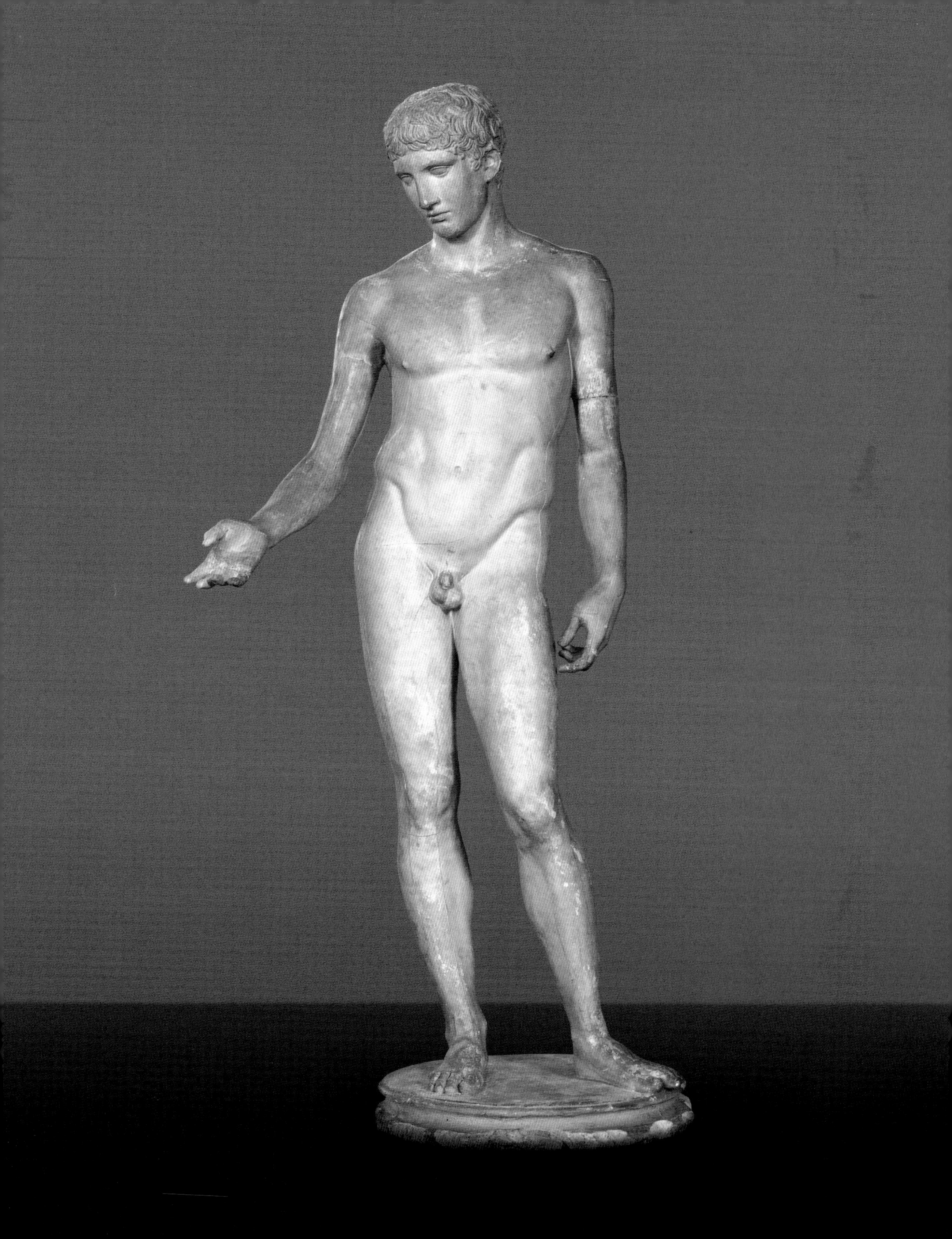

4

Statue eines unbekannten Athleten, sog. Idolino

Die von Polyklet geschaffenen Bronzestatuen sind in der römischen Kaiserzeit einerseits in verschiedenen Marmorsorten sowie in Grauwacke, andererseits aber auch in Bronze kopiert worden. In der Spät- und Nachantike ist es den Bronzekopien nicht anders ergangen als den Bronzeoriginalen, die mit wenigen Ausnahmen eingeschmolzen worden sind. Von ursprünglich sicher mehr als 1 000 Bronzekopien polykletischer Werke hat sich nur eine Handvoll erhalten. Darunter ist außer der Teilkopie des *Doryphoros* (Kat. 3, Abb. 6–7) und dem *Epheben in Samsun* (Kat. 6) der sog. *Idolino*, die 1,51 m große Statue eines nackten Jünglings. Dieses Werk ist vor knapp 500 Jahren in Pesaro an der Adria entdeckt worden und 1630 nach Florenz gelangt, wo es seit dem späten 19. Jahrhundert im Archäologischen Museum studiert werden kann.[114] Der Dresdner Gipsabguss stammt aus der Abgusssammlung des Malers Anton Raphael Mengs (1728–1779), die im Jahr 1782 für die Skulpturensammlung erworben werden konnte (Abb. 1–2).[115]

Der *Idolino* ist in der frühen römischen Kaiserzeit entstanden und wird wegen der Größe und der Kurzhaarfrisur wohl auf eine jener Statuen zurückgehen, die Polyklet für siegreiche jugendliche Athleten geschaffen hat. Im Format, im Verlauf der Linea alba und in den Proportionen stimmt der *Idolino* weitgehend mit dem *Dresdner Knaben* (Kat. 12) überein, dessen Kopf allerdings in die Gegenrichtung, zur Spielbeinseite, gedreht ist. Auch die Position des Spielbeins – es ist beim *Idolino* aller Wahrscheinlichkeit nach nicht richtig ergänzt worden –[116] könnte sehr ähnlich gewesen sein. Hier wie dort lässt es sich nicht ermitteln, welches Attribut Polyklet dem Athleten in die Hand gegeben hat.

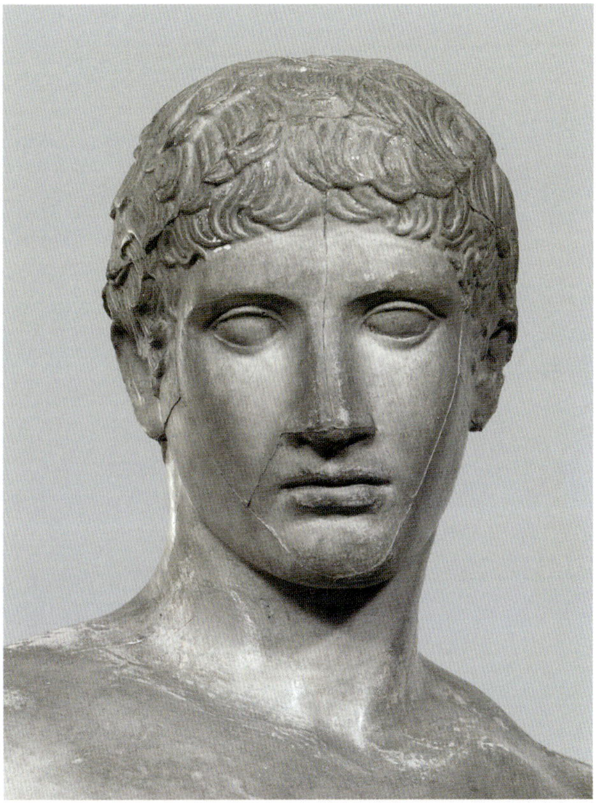

Abb. 1–2 Unbekannter Bildhauer:
Kopie eines polykletischen Athleten, sog. *Idolino*
Bronze, zweite Hälfte des 1. Jhs. v. Chr.
Florenz, Museo archeologico
(hier im Dresdner Abguss: Inv. ASN 2346)

Nur den Kopf des statuarischen Typus überliefert ein Fragment im Museo Gregoriano Profano, das Walther Amelung vor 100 Jahren als Replik des *Idolino* bestimmen konnte[117] und das wegen seines Materials, Grauwacke, und wegen seiner außerordentlichen bildhauerischen Qualität erwähnt werden muss (Abb. 3–4).[118] Es ist erstmals im Besitz von Johann Joachim Winckelmann (1717–1768) nachgewiesen und wahrscheinlich um 1760 in Rom

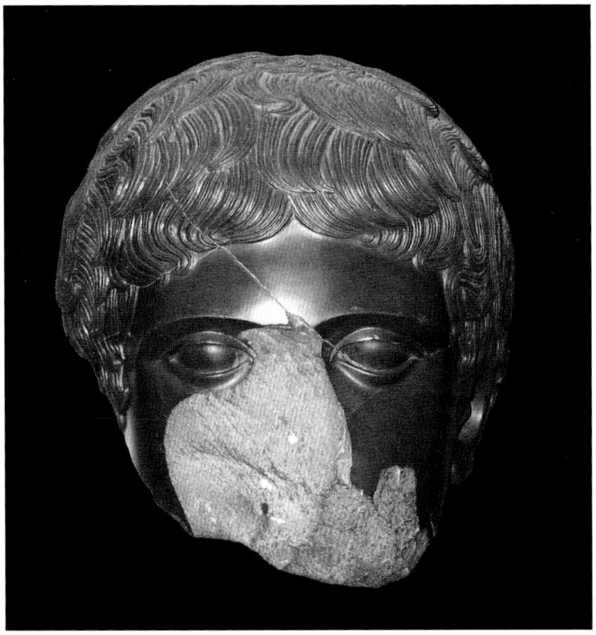

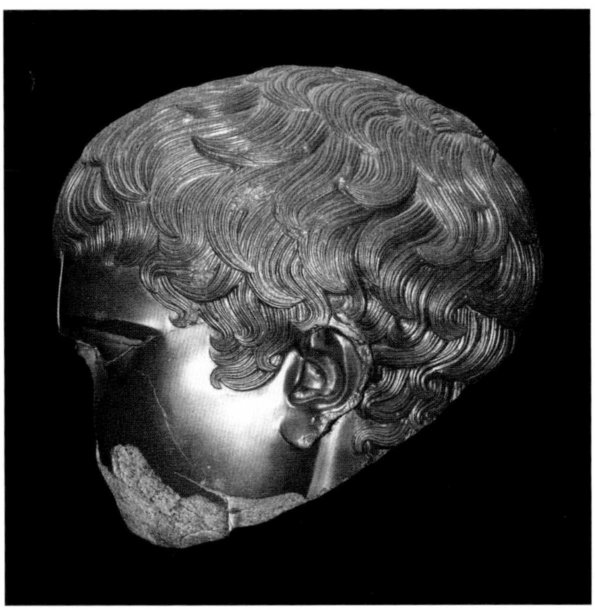

Abb. 3–4 Unbekannter Bildhauer:
Kopf der Kopie eines polykletischen Athleten
Grauwacke, spätes 1. Jh. v. Chr.
Rom, Vatikanische Museen, Inv. 10134

oder in der Umgebung dieser Stadt zutage getreten. Winckelmann würdigt es in seiner *Geschichte der Kunst des Alterthums*, die erstmals im Jahr 1764 in Dresden im Druck erschienen ist, mit wenigen Worten: »der schönste aber unter den Köpfen [aus »Basalt«] würde der von einem jungen Menschen, in Lebensgröße, seyn, welchen der Verfasser besitzet, [...].«[119]

Die seit Rumpfs fragwürdiger Beurteilung aus dem Jahr 1939[120] immer wieder vorgebrachte Behauptung, der *Idolino* könne nicht auf ein Werk Polyklets zurückgehen, lässt sich leicht widerlegen. Die erwähnte Grauwacke-Kopie stammt der Meißelführung zufolge aus derselben Werkstatt wie die aus dem gleichen Material hergestellten und ebenfalls fragmentarisch erhaltenen Kopien des *Diskusträgers*, des *Doryphoros* und des *Diadumenos*. Der in dieser Werkstatt tätige Bildhauer muss sich darüber im Klaren gewesen sein, dass er Luxuskopien von Statuen schuf, die alle zum Œuvre ein und desselben bedeutenden Bildhauers gehörten. Die Möglichkeit, ihm könne in die Serie der zu kopierenden Abgüsse versehentlich ein einige Hundert (!) Jahre jüngeres, nur scheinbar polykletisches Werk hineingeraten sein, lässt sich angesichts der offenkundig mit Bedacht getroffenen Auswahl der *opera nobilia* ausschließen. Ähnliches gilt für den Bildhauer, dem das wohl in flavischer Zeit entstandene Pasticcio aus *Kyniskos* (zu diesem siehe Kat. 2) und *Idolino* verdankt wird, das man zwischen 1930 und 1932 in Castel Gandolfo (Latium) entdeckt hat.[121] Auch dieser Mann wird schwerlich außer dem Abguss eines berühmten Vorbilds denjenigen eines pseudopolykletischen Werkes herangezogen haben. Seine Absicht könnte es vielmehr gewesen sein, durch die Verbindung unterschiedlicher polykletischer Vorbilder die Zahl der Doppelungen, zu denen es bei der Ausstattung der Villa des Domitian gekommen war – vom *Einschenkenden Satyr*, einem Werk des Praxiteles, gab es im dortigen Theater gleich vier Kopien –, nicht noch weiter anwachsen zu lassen.

Der Kopf des *Idolino* ist in der Antike noch ein weiteres Mal mit dem Körper eines anderen Werkes verbunden worden. Ein in Petworth House (Sussex) aufbewahrter *Athlet* (Abb. 5–6), der Öl in seine linke Hand träufelt,[122] zeigt in der Disposition seines nicht besonders sorgfältig ausgearbeiteten Haupthaars so viele Entsprechungen zur Frisur des *Idolino*, dass ich es für sehr wahrscheinlich halte, dass seinem Bildhauer ein Teilabguss des polykletischen Werkes vorgelegen hat. Besonders weit

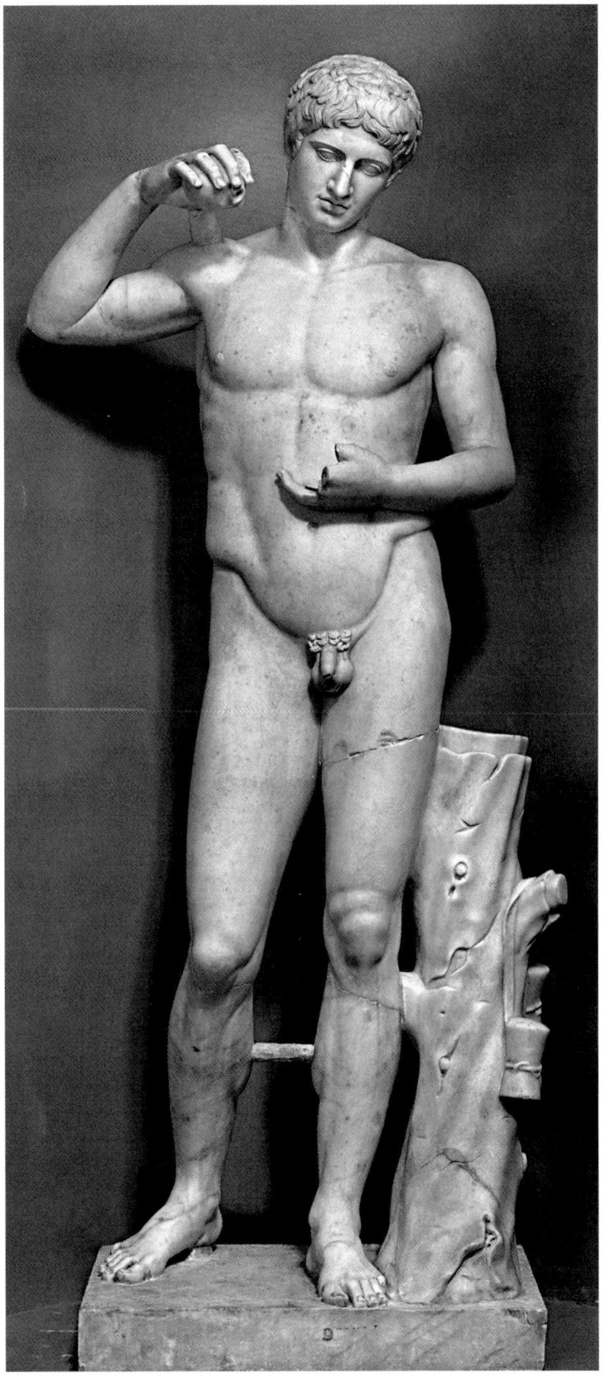

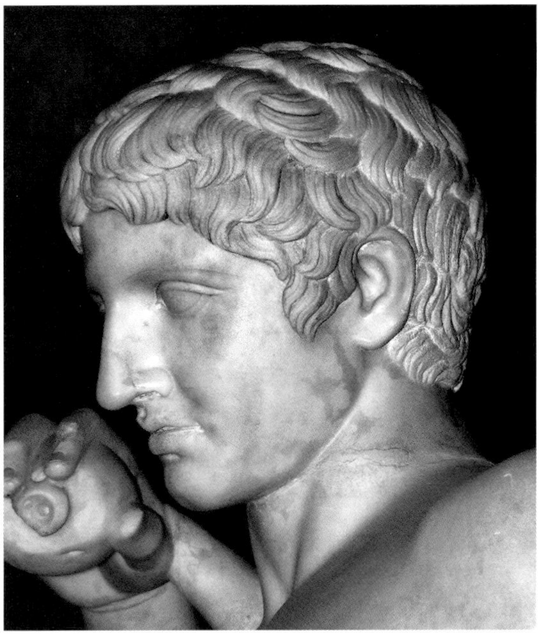

Abb. 5–6 Unbekannter Bildhauer:
Athletenstatue mit Kopf nach polykletischem Vorbild
Marmor, erste Hälfte des 2. Jhs. n. Chr.
Petworth House, North Gallery

reichen die Übereinstimmungen zwischen den Frisuren beider Köpfe im Bereich der linken Schläfe. Der Bildhauer der Statue in Petworth House hat den Kopf gegenüber dem Vorbild geringfügig vergrößert und seine Haltung verändert, um ihn mit einem Körper kombinieren zu können, der zu einer Statue gehört hat, die den *Idolino* um gut 15 cm überragte. Es ist bislang nicht gelungen, dem Körper, zu dem sich keine Repliken nachweisen lassen, eine gut begründete Position in der Entwicklung der griechischen Bildhauerkunst zuzuweisen; insbesondere die Formulierung des Schamhaars findet weder bei Werken Polyklets noch bei denen anderer Bildhauer eine Entsprechung, wobei allerdings angemerkt werden muss, dass Statuen der gleichen Altersstufe, also solche, deren Schamhaar noch nicht voll entwickelt ist, ausgesprochen selten sind.

Das Original des *Idolino* dürfte nach dem *Kyniskos* (Kat. 2) und vor dem *Hermes* (Kat. 5) entstanden sein. Mit dem *Kyniskos* verbindet den *Idolino* vor allem die ziemlich ähnliche Disposition des Stirnhaars, welches jedoch deutlich weiter herabreicht als bei jenem. Dem *Hermes* wiederum gleicht der *Idolino* vornehmlich im Hinblick auf die Disposition des Schläfenhaars: Bei beiden gibt es beispielsweise eine Strähnengruppe, die von oben auf das linke Ohr heraufgeführt ist und sich dort zum Gesicht hin einrollt.

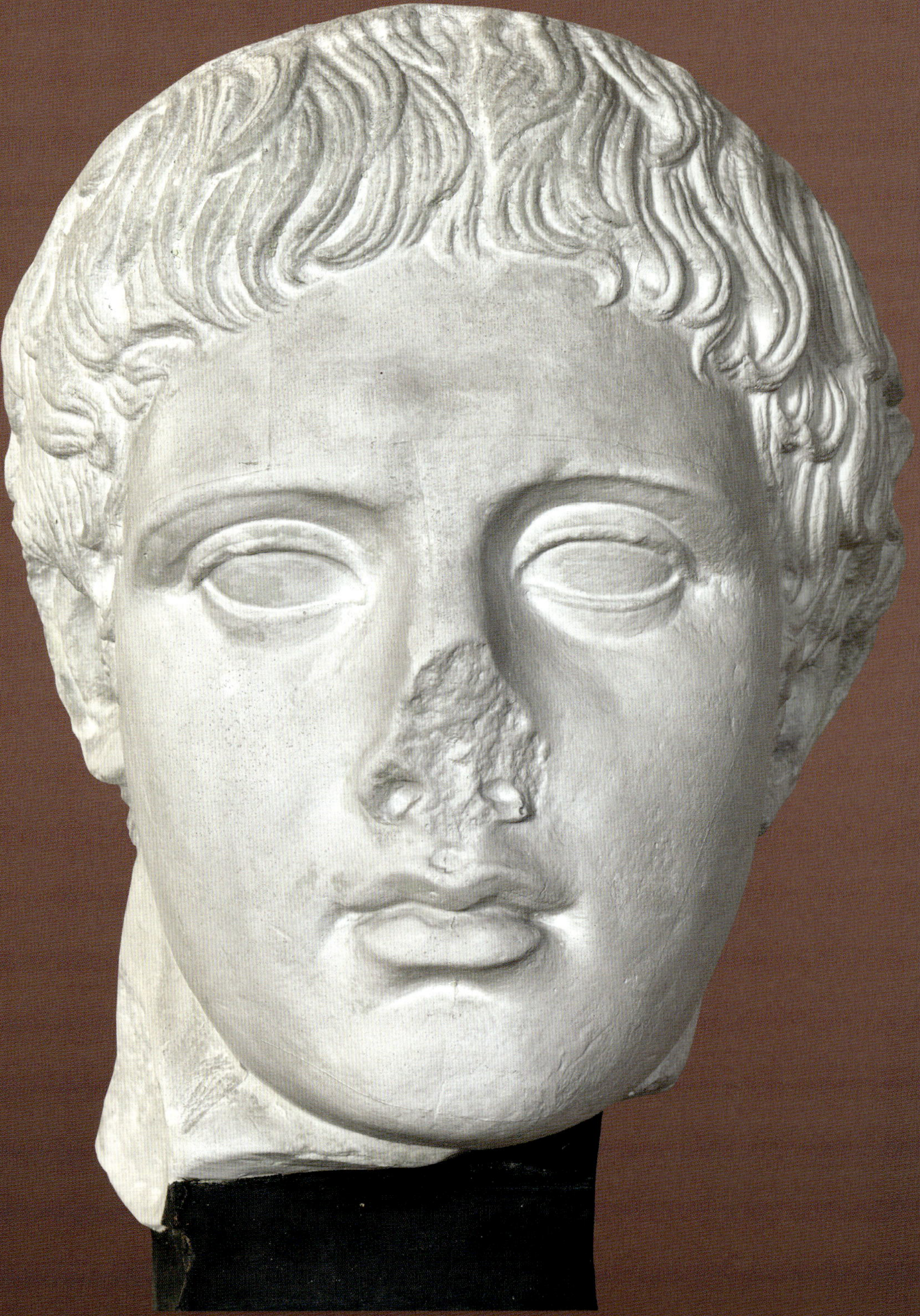

5

Statue des Hermes

Die von Polyklet geschaffene Bronzestatue des *Hermes* gehört der Anzahl der bislang nachweisbaren Kopien zufolge zu seinen nicht ganz so populären Werken. Eine der wenigen erhaltenen Repliken des Körpers, eine erstmals 1979 als Torsoreplik bestimmte und zeitweise in der Aula Ottagona des römischen Thermenmuseums ausgestellte Skulptur,[123] lässt die folgende Rekonstruktion zu: Wie beim *Doryphoros* und den meisten übrigen Statuen Polyklets befand sich das Standbein auf der rechten Seite, zu welcher der Kopf gedreht war. Der Gott war nackt, ca. 1,84 m groß und hatte bei gesenktem rechtem Oberarm den Unterarm so weit angehoben, dass sich die Hand auf Brusthöhe befand, wo sie, nach oben geöffnet, einen Redegestus vollführt haben dürfte. Der linke Arm war gesenkt, wobei der Unterarm so nach außen gedreht war, dass man erwarten darf, dass die Hand den Heroldsstab, das Kerykeion, umfasste. Zur Kennzeichnung des Gottes genügte dieses Attribut vollkommen; weitere Hinweise auf die wichtige Rolle des Hermes als Boten, kleine Flügel an den Fußknöcheln oder im Haar, waren nicht nötig. Sie tauchen erst rund 500 Jahre später, bei einigen der Kopien, auf.

Mit dem *Hermes* des Polyklet stimmen mindestens zwei weitere statuarische Typen, der *Hermes Typus Ludovisi* und der *Hermes Typus Perinth-Kyrene*,[124] in der Größe, im Gestus sowie darin überein, dass der Gott jeweils nackt wiedergegeben ist. Da alle drei auf verlorene Originale zurückgehen, die aus Bronze bestanden haben, und da alle drei der stilkritischen Beurteilung zufolge im gleichen Zeitraum – von unterschiedlichen Bildhauern – geschaffen worden sein dürften, liegt die Annahme nahe, dass

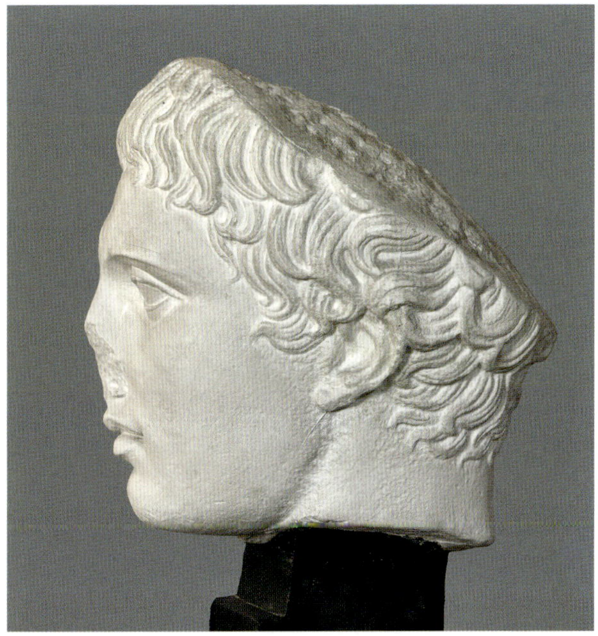

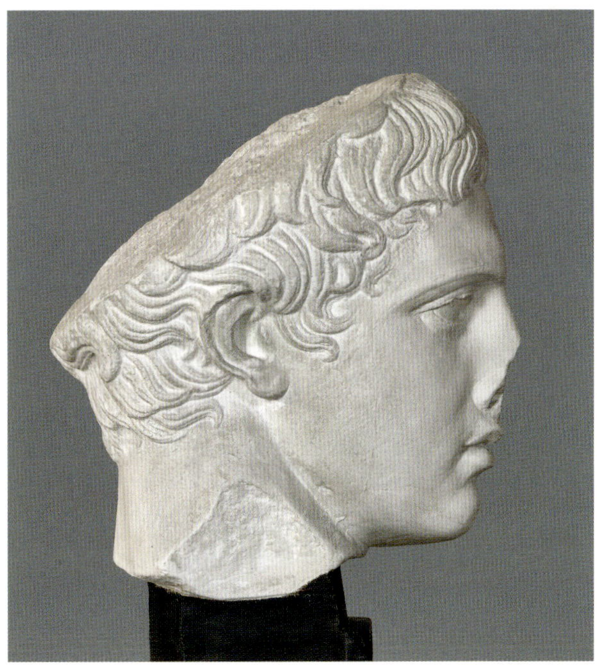

Abb. 1–3 Unbekannter Bildhauer:
Kopf einer Kopie des polykletischen *Hermes*
Marmor, erste Hälfte des 2. Jhs. n. Chr.
Boston, Museum of Fine Arts
(hier im Dresdner Abguss: Inv. ASN 1755)

die drei Künstler, zu denen außer Polyklet auch Phidias gehört hat, zwischen 450 und 440 v. Chr. einen gleich lautenden Auftrag erhalten haben.[125]

Der im 2. Jh. n. Chr. tätige Bildhauer der Kopfreplik im Museum of Fine Arts in Boston, die hier im Dresdner Abguss erscheint (Abb. 1–3),[126] hat das polykletische Vorbild nicht in allen Punkten getreu kopiert. Bei dem Kopf seiner Marmorreplik hat er im Bereich der Schädelkalotte darauf verzichtet, das Haar zu kopieren und dem Gott stattdessen eine heute nicht mehr erhaltene Kopfbedeckung aufgesetzt, bei der es sich um einen ›Reisehut‹ (Petasos) gehandelt haben wird. Der Petasos war ungewöhnlicherweise getrennt vom Rest der Statue gearbeitet und mit einem Zapfen im Schädel verankert.

In der Überlieferung des polykletischen *Hermes* gibt es außerdem auch ein anschauliches Beispiel dafür, dass ein Kopist nicht nur Einzelheiten verändert, sondern das Thema der Darstellung modifiziert hat: Die einzige Replik des statuarischen Typus, bei der sich Kopf und Körper zusammen erhalten haben, zeigt Hermes nicht mit der oben rekonstruierten Armhaltung, sondern zusammen mit dem kleinen Dionysos (Bacchus), den er im rechten Arm hält (Abb. 4)![127] Einer der frühesten Versuche, die im 2. Jh. n. Chr. entstandene und seit 1577 in Florenz bezeugte Statue in die griechische Kunstgeschichte einzubinden, wird einem aus Dresden stammenden Archäologen verdankt. Es war Paul Arndt, der den *Hermes* im Giardino di Boboli in der ersten Lieferung der von ihm im Jahr 1893 initiierten Serie der *Photographischen Einzelaufnahmen antiker Sculpturen* in einer Abbildung vorgelegt und mit einem kurzen Text versehen hat.[128]

Der polykletische *Hermes* bietet noch einen weiteren Dresden-Bezug. Georg Treu, Direktor der Skulpturensammlung von 1882 bis 1915, hat bei einer Sitzung der Archäologischen Gesellschaft zu Berlin im Jahr 1889 einige Überlegungen zum Schaffen Polyklets vorgestellt und in diesem Rahmen den Vorschlag gemacht, einen Kopf in Sankt Petersburg auf den *Hermes* zurückzuführen.[129] Während Furtwängler in der Publikation *Meisterwerke der griechischen Plastik* in der für viele seiner Schriften charakteristischen apodiktischen Art meinte, der Kopf sei »von Treu mit Unrecht für Polyklet selbst in Anspruch genommen« worden,[130] gelang es Johannes Sieveking einige Jahre später, die Richtigkeit von Treus Annahme zu beweisen.[131] Der Kopf in Sankt Petersburg gehört zwar zu den handwerklich schwächeren Repliken und ist obendrein durch Verwitterung in Mitleidenschaft gezogen, stimmt aber in der Größe und in der Disposition des Haupthaars genau mit den übrigen Repliken des polykletischen *Hermes* überein.[132]

Abb. 4 Unbekannter Bildhauer:
Variante des polykletischen *Hermes*
Marmor, 2. Jh. n. Chr.
Florenz, Giardino di Boboli,
Skulpturendepot

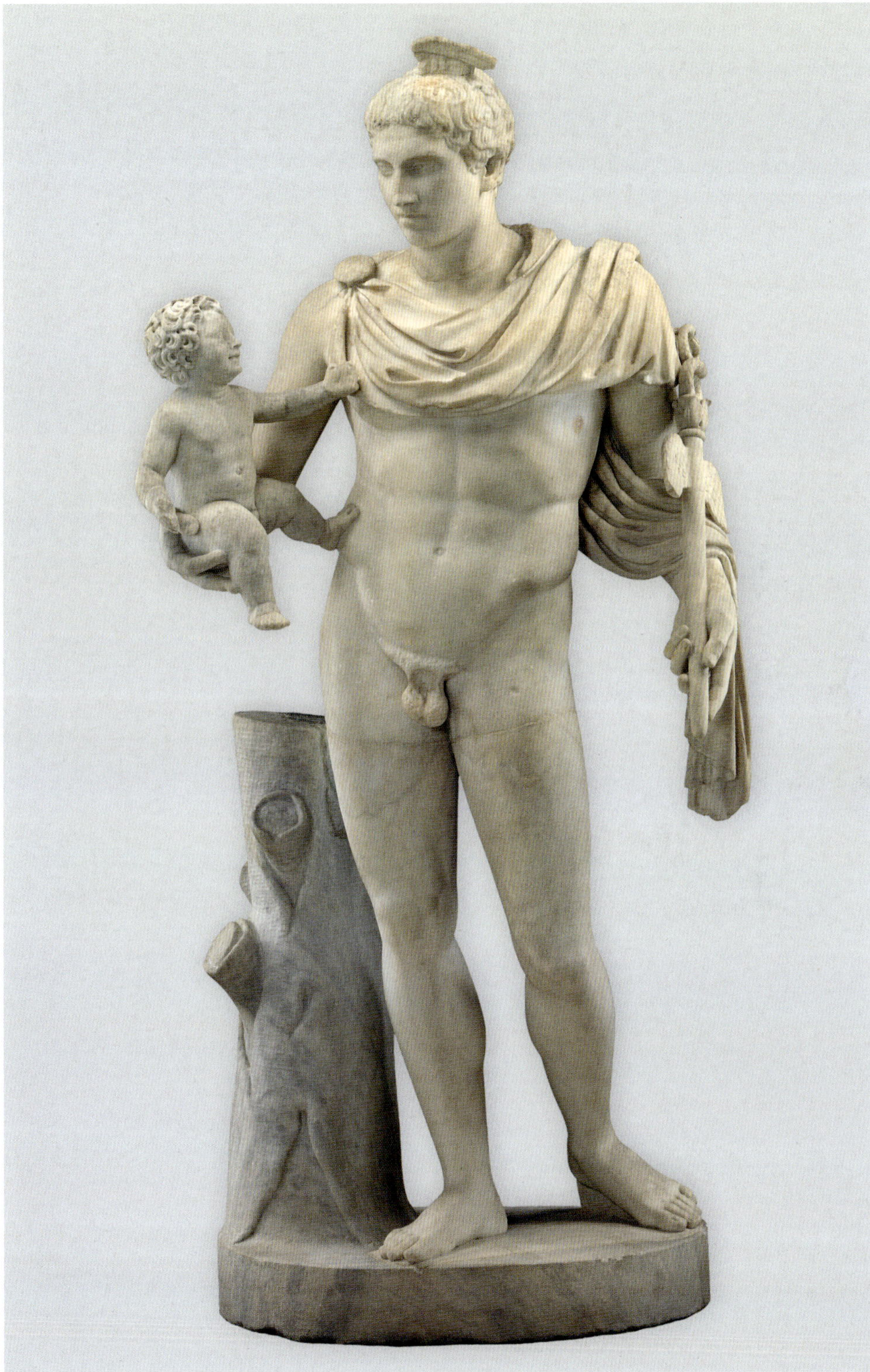

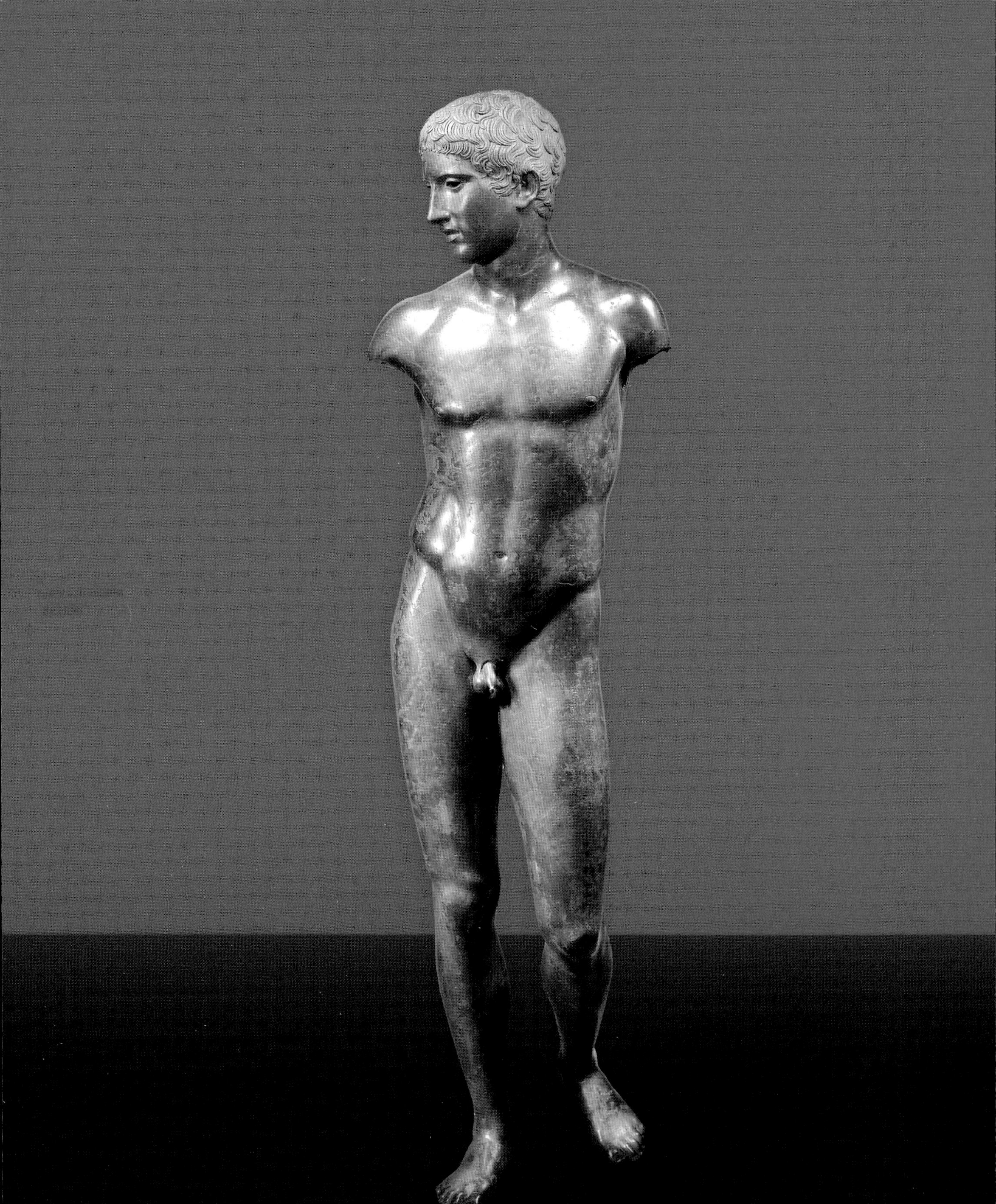

6

Statue eines unbekannten Athleten, sog. Ephebe Typus Samsun

Wegen seiner Haargestaltung lässt sich auch der statuarische Typus des *Epheben Typus Samsun*, den nur vergleichsweise wenige Kopien überliefern, sicher mit Polyklet verbinden.[133] Es darf als ein besonderer Glücksfall angesehen werden, dass im Jahr 1979 im Hafen der kleinen, am Schwarzen Meer gelegenen Ortschaft Cide eine Kopie aus Bronze zutage getreten ist, die über das Aussehen des Körpers sowie, dank der guten Erhaltung und der überaus akribischen Arbeit des Kopisten, über alle Einzelheiten der Disposition des Haupthaars informiert (Abb. 1–3).[134] Die Bronze zeigt einen nackten Jugendlichen, dessen Standmotiv auf das Engste mit demjenigen des *Doryphoros* (Kat. 3) verwandt ist. Sein Kopf ist noch etwas weiter als bei diesem zur Standbeinseite hin gedreht, die Armhaltung nur noch ansatzweise zu erschließen.[135] Bei genauer Betrachtung erkennt man, dass die Disposition des Haupthaars vor dem linken Ohr und um das Ohr herum derjenigen des *Hermes* (Kat. 5) so ähnlich ist, dass

Abb. 1–3
Unbekannter Bildhauer: Kopie eines polykletischen Athleten
Bronze, zweite Hälfte des 1. Jhs. v. Chr.
Samsun, Archäologisches Museum

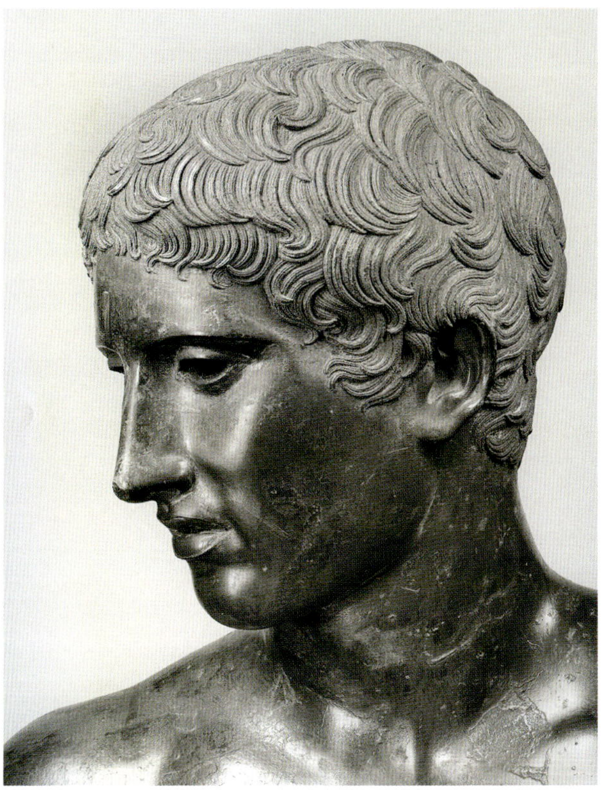

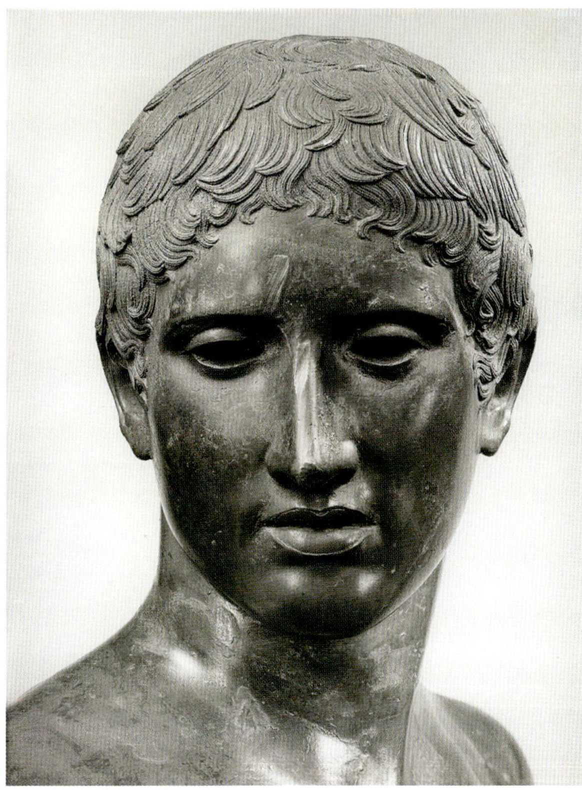

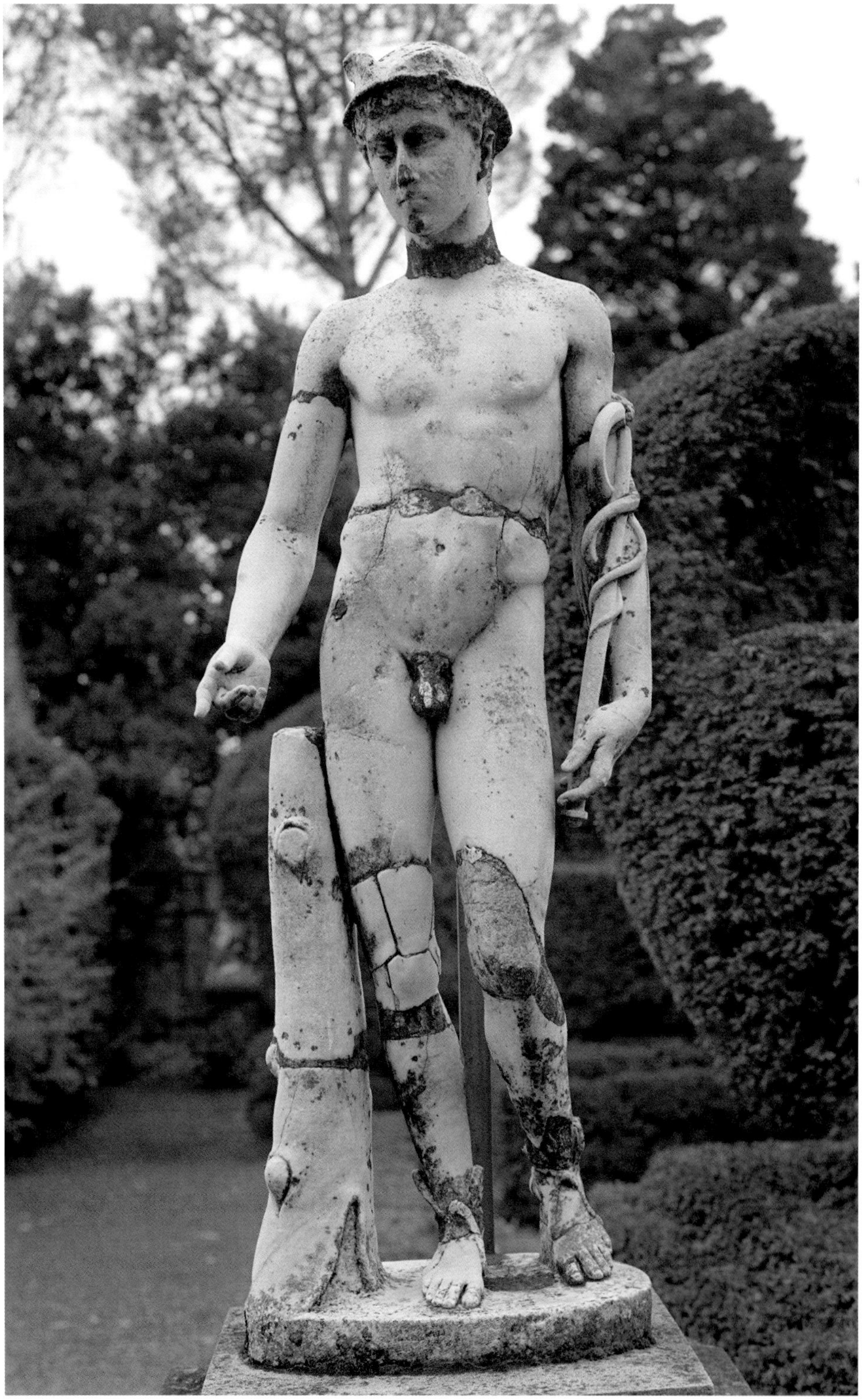

sogar die Entstehungszeit des statuarischen Typus ermittelt werden kann.[136] Man wird davon auszugehen haben, dass Polyklet den *Epheben* unmittelbar vor oder nach dem *Hermes* geschaffen hat. Über der Stirnmitte ist das Haar des *Epheben* deutlich reicher an Einzelmotiven als dasjenige des *Hermes*, was vielleicht einen Hinweis darauf gibt, dass er das jüngere der beiden Werke ist. Mit einer Höhe von etwa 1,42 m erreicht der *Ephebe* fast die Größe des *Epheben Westmacott* (Kat. 2); auch bei ihm liegt daher eine Deutung als Darstellung eines siegreichen jugendlichen Athleten nahe.

Die kleine Gruppe der Repliken des *Epheben Typus Samsun* kann an dieser Stelle um eine als Hermes ergänzte und bislang nicht publizierte Torsoreplik erweitert werden, die sich im Garten der vor den Toren von Florenz gelegenen Villa La Pietra befindet (Abb. 4).[137] Sie stimmt in der Körperhöhe von 43,5 cm genau mit der Replik im Palazzo Barberini in Rom überein.[138]

Abgeschlossen werden soll die Betrachtung des *Epheben Typus Samsun* mit dem Hinweis auf einen im frühen 1. Jh. n. Chr. angefertigten, leicht zu seiner rechten Seite gedrehten Kopf aus der Sammlung des schwedischen Bildhauers Carl Milles (1875–1955). Vergleicht man diesen Kopf mit demjenigen des *Epheben Typus Samsun*, bemerkt man, dass sein Haupthaar im Bereich der Kopfprofile eine ziemlich ähnliche Disposition aufweist. Es ist daher durchaus denkbar, dass der Bildhauer des heute in Millesgården bei Stockholm aufbewahrten Kopfes mit dem Abguss einer ansonsten bislang nicht bezeugten Statue von der Hand Polyklets operiert hat. Die Kopfhöhe von 24 cm lässt erwarten, dass die zugehörige Statue etwas größer als die Bronze in Samsun gewesen ist.[139]

**Abb. 4 Unbekannter Bildhauer:
Kopie eines polykletischen Athleten
Marmor, 1. oder 2. Jh. n. Chr.,
mit neuzeitlichen Ergänzungen
Florenz, Villa La Pietra**

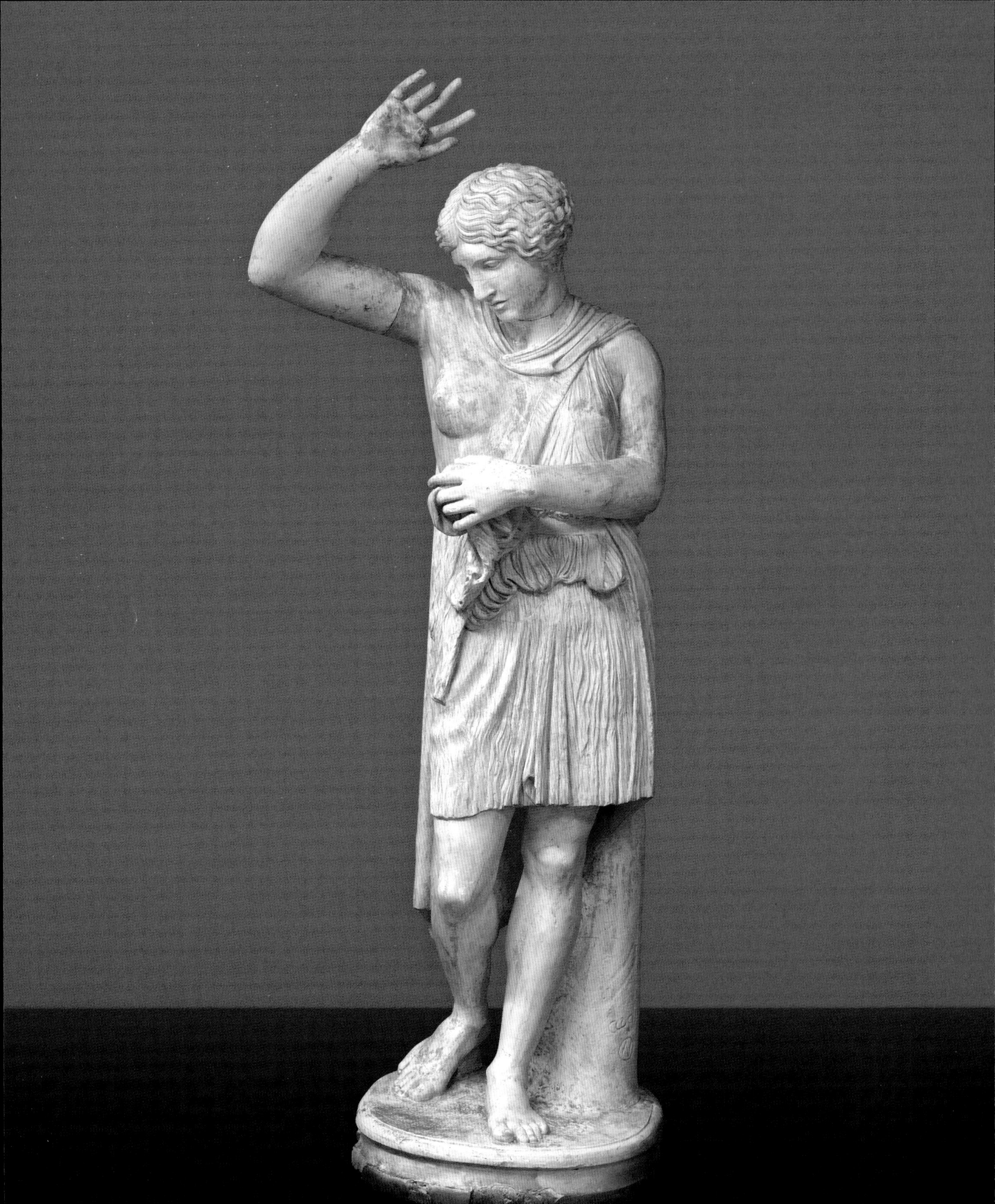

7
Statue einer tödlich verwundeten Amazone, sog. Amazone Typus Sosikles

Ebenso wie sein Hermes schließt sich auch eine weibliche Statue von der Hand Polyklets, seine *Amazone* (Abb. 1), mit themengleichen Werken zusammen, die andere Bildhauer zur gleichen Zeit geschaffen haben. Plinius d. Ä. schreibt im 34. Buch seiner *Naturalis historia*:[140] »Es traten aber auch die am höchsten gepriesenen Künstler, obwohl sie zu verschiedenen Zeiten geboren waren, in einem Wettbewerb an, da sie Amazonen geschaffen hatten. Als diese im Heiligtum der Artemis zu Ephesos geweiht wurden, beschloss man, die nach dem Urteil der anwesenden Künstler am besten gelungene auswählen zu lassen, wobei es sich zeigte, dass es diejenige war, die alle nach ihrer eigenen als zweitbeste beurteilt hatten. Dies ist die des Polyklet, als nächste folgt die des Phidias, den dritten Platz belegt die des Kresilas, den vierten die des Kydon, den fünften die des Phradmon.«

Da man von den fünf Amazonen, von denen bei Plinius die Rede ist, mindestens drei in der Antike mehrfach abgeformt und kopiert hat, sind wir in diesem Fall in der komfortablen Situation, nicht nur die Bildhauer und das Thema der Darstellung zu kennen, sondern auch den Ort der Aufstellung. Dass die genannten Künstler anlässlich der Aufstellung der Statuen eigens aus Griechenland nach Ephesos gereist seien und dort über die Qualität ihrer Werke abgestimmt hätten – Polyklet soll dabei den Sieg davongetragen haben –, dürfte allerdings eine Anekdote sein.

Abb. 1 Sosikles:
Kopie der polykletischen *Amazone*
Marmor, mittleres 2. Jh. n. Chr.,
mit neuzeitlichen Ergänzungen
Rom, Museo Capitolino
(hier im Dresdner Abguss: Inv. ASN 2639)

Gewisse Schwierigkeiten ergeben sich außerdem daraus, dass Plinius nicht mitteilt, wodurch sich die Statuen der Amazonen unterschieden. Eine Hauptaufgabe der archäologischen Forschung bestand also darin, herauszufinden, wie sich von den männlichen Statuen Polyklets eine Brücke zu seiner weiblichen Figur schlagen lässt, und auf dieser Grundlage zu ermitteln, welche der drei in Kopien überlieferten Amazonen sein Werk ist. Während die drei Statuen im Material (Bronze) und im leicht überlebensgroßen Format übereinstimmten, haben sie sich nicht nur im Stil und im Ausdruck, sondern auch in etlichen grundsätzlichen Punkten unterschieden: in Anzahl, Stelle und Schwere ihrer Verwundung(en) sowie im Umgang mit diesen, in der Art der Bekleidung bzw. dem Grad der Entblößung, in der Frisur, im Standmotiv und in den übrigen Haltungsmotiven sowie im Hinblick auf die Attribute. Der einzige ernst zu nehmende Kandidat für eine Verbindung mit Polyklet ist die *Amazone Typus Sosikles*, die ihren Namen nach dem Kopisten trägt, der eine der Repliken mit seinem Namen versehen hat.[141] Diese *Amazone* stützt sich mit der rechten Hand auf ihre Lanze und zeichnet sich gegenüber den beiden anderen statuarischen Typen, der *Amazone Typus Mattei* und der *Amazone Typus Sciarra*, dadurch aus, dass sie zusätzlich zum Chiton einen Mantel trägt und zwei Wunden – an und unterhalb der rechten Brust – aufweist. Um zu verhindern, dass der Stoff ihres Chitons mit dem Blut verklebt, das aus den Wunden tritt, hat sie den Chiton mit ihrer linken Hand auf einer Seite geöffnet und hält ihn so, dass die Wunden zu sehen sind.

Formal ähnelt die *Amazone Typus Sosikles* der Statue des *Kyniskos* (Kat. 2), der so wie sie auf dem linken Bein steht, den rechten Oberarm erhoben zur Seite führt und den nach rechts gedrehten Kopf senkt. Für die Bestimmung des Bildhauers sind jedoch vor allem die Gemeinsamkeiten aufschlussreich, die zwischen der *Amazone* und

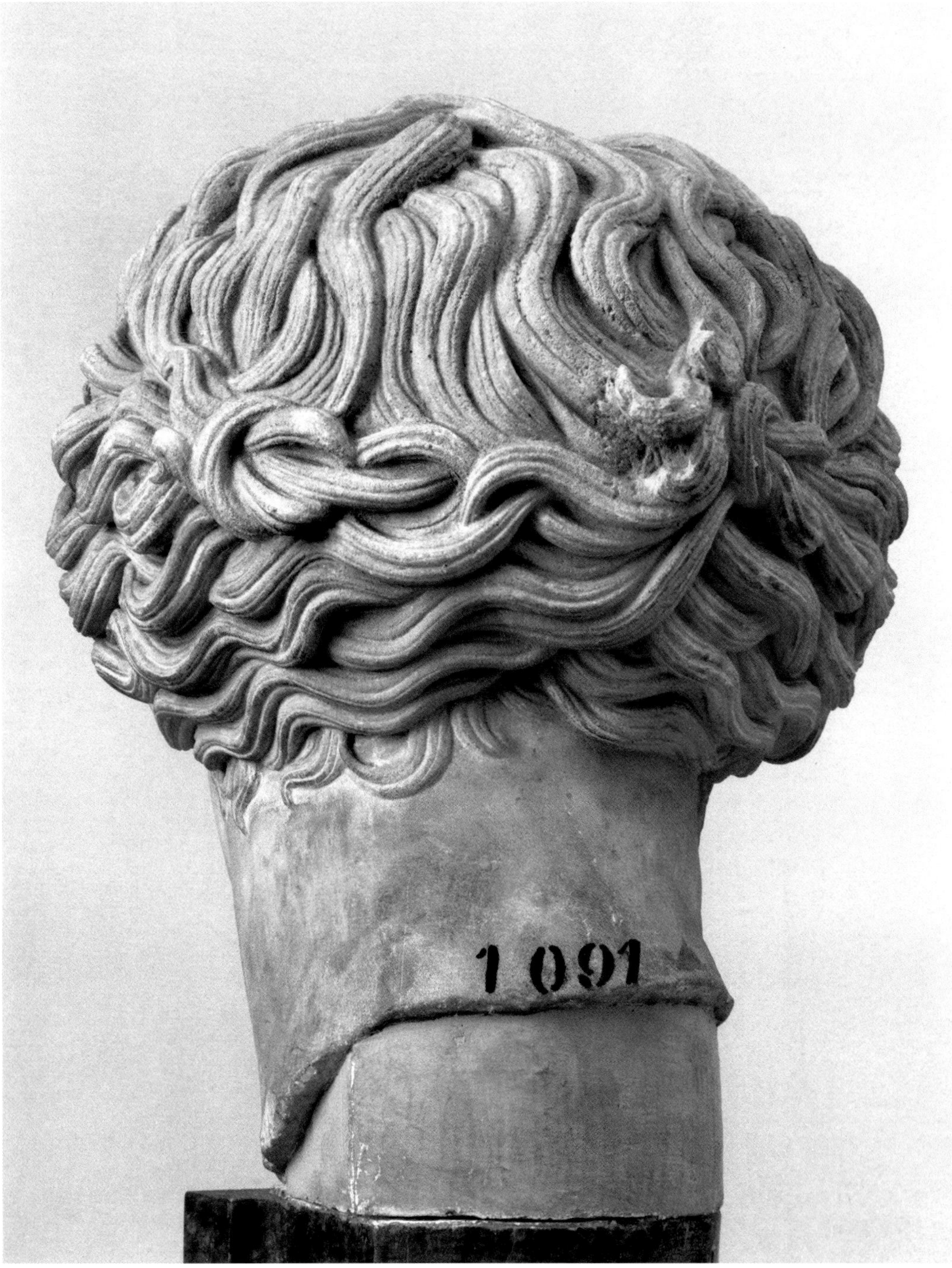

Abb. 2 Unbekannter Bildhauer:
Kopf einer Kopie der polykletischen *Amazone*
Marmor, spätes 1. Jh. v. Chr.
Rom, Centrale Montemartini, Inv. 1091

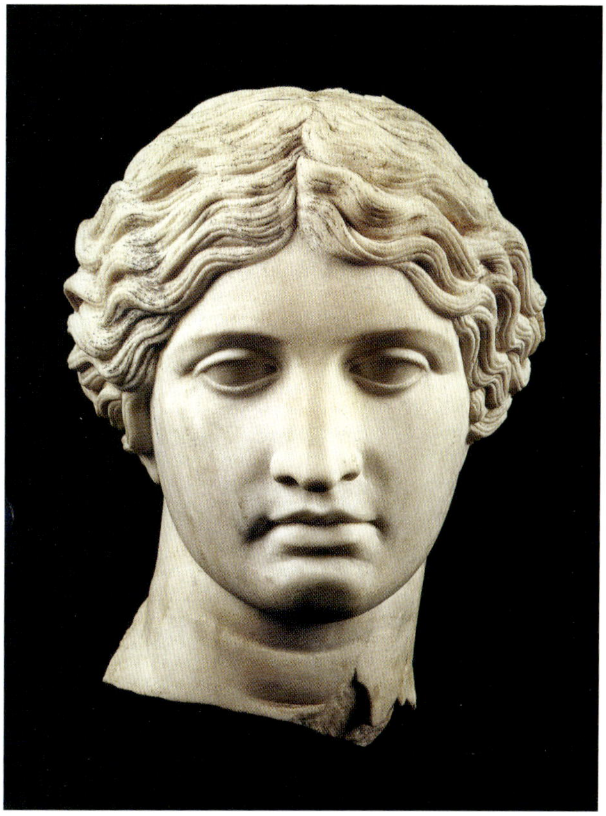

Abb. 3 Unbekannter Bildhauer:
Kopf der Kopie einer polykletischen Statue
Marmor, 1. Jh. n. Chr.
Ercolano, Parco archeologico,
Antiquario, Inv. 4296

dem *Doryphoros* (Kat. 3) bestehen.[142] Beide stehen sich nicht nur im Hinblick auf den Gesichtsumriss nahe, sondern auch in der Proportionierung von Nase, Philtrum, Mund und Kinn.[143] In der Seitenansicht erkennt man, dass sich die zwischen diesen beiden Werken bestehende Ähnlichkeit auch auf die Form des Kopfes erstreckt.[144] Außerdem bieten die Frisuren, die in ihrer Anlage kaum unterschiedlicher sein könnten, Berührungspunkte: Hinter den Ohren und im Nacken haben sich bei der *Amazone* einzelne Strähnengruppen aus dem Haupthaar gelöst, die in Volumen und Verlauf an Strähnen des *Doryphoros* erinnern. Besonders charakteristisch für Polyklets Schaffen ist der Umstand, dass man bei der Betrachtung der rückwärtigen Haarpartie (Abb. 2) zwar den Eindruck gewinnt, dass die *Amazone* im Rahmen von Kampfhandlung und daraus resultierender Verwundung einiges durchgemacht hat, es gleichzeitig aber ersichtlich bleibt, dass das Ordnungsprinzip nicht aus den Fugen geraten ist. Am Hinterkopf laufen die Strähnen in einem ausgeklügelten System in zwei sog. Heraklesknoten so zusammen, dass sie zur Entstehung eines ausgewogenen Ganzen beitragen. Dadurch wird die Rückseite, wie wir es auch beim *Paniskos* (Kat. 13) sehen werden, zu einem gewichtigen und gewissermaßen eigenständigen Teil der Gesamtkomposition, ganz im Gegensatz zur durchaus belanglosen Rückseite der *Amazone Typus Sciarra*, in der Furtwängler und später auch einige andere Archäologen die polykletische *Amazone* erkennen wollten.[145]

Von einer weiteren weiblichen Statue, die Polyklet geschaffen haben dürfte, kann bislang nur der Kopf identifiziert werden, den sechs Repliken, darunter ein Kopf in Sankt Petersburg[146] sowie drei Einsatzköpfe in Herkulaneum (Abb. 3) und in Neapel,[147] bezeugen. Von vorn betrachtet sehen die Repliken dem Kopf der *Amazone Typus Sosikles* so ähnlich, dass sie in der Forschung irrtümlich zur Überlieferung dieser *Amazone* gerechnet worden sind.[148] Der Blick auf den Hinterkopf lässt jedoch deutliche Unterschiede erkennen. Die beiden für die Frisur der *Amazone* charakteristischen Heraklesknoten fehlen ebenso wie die kleinen Strähnengruppen, die sich im Nacken aus dem Haupthaar gelöst haben. Auch die Kopfhaltung war eine andere als bei der *Amazone*. Da mindestens drei der sechs Kopfrepliken zum Einsetzen – in eine Rumpfpartie, die bekleidet gewesen sein muss – gearbeitet waren, wird man außerdem erwarten dürfen, dass der statuarische Typus keine Amazone zeigte.

Eine wichtige Aufgabe für künftige Forschungen zu Polyklet wird darin bestehen, im Denkmälerbestand den zum Kopf gehörigen Körper ausfindig zu machen.

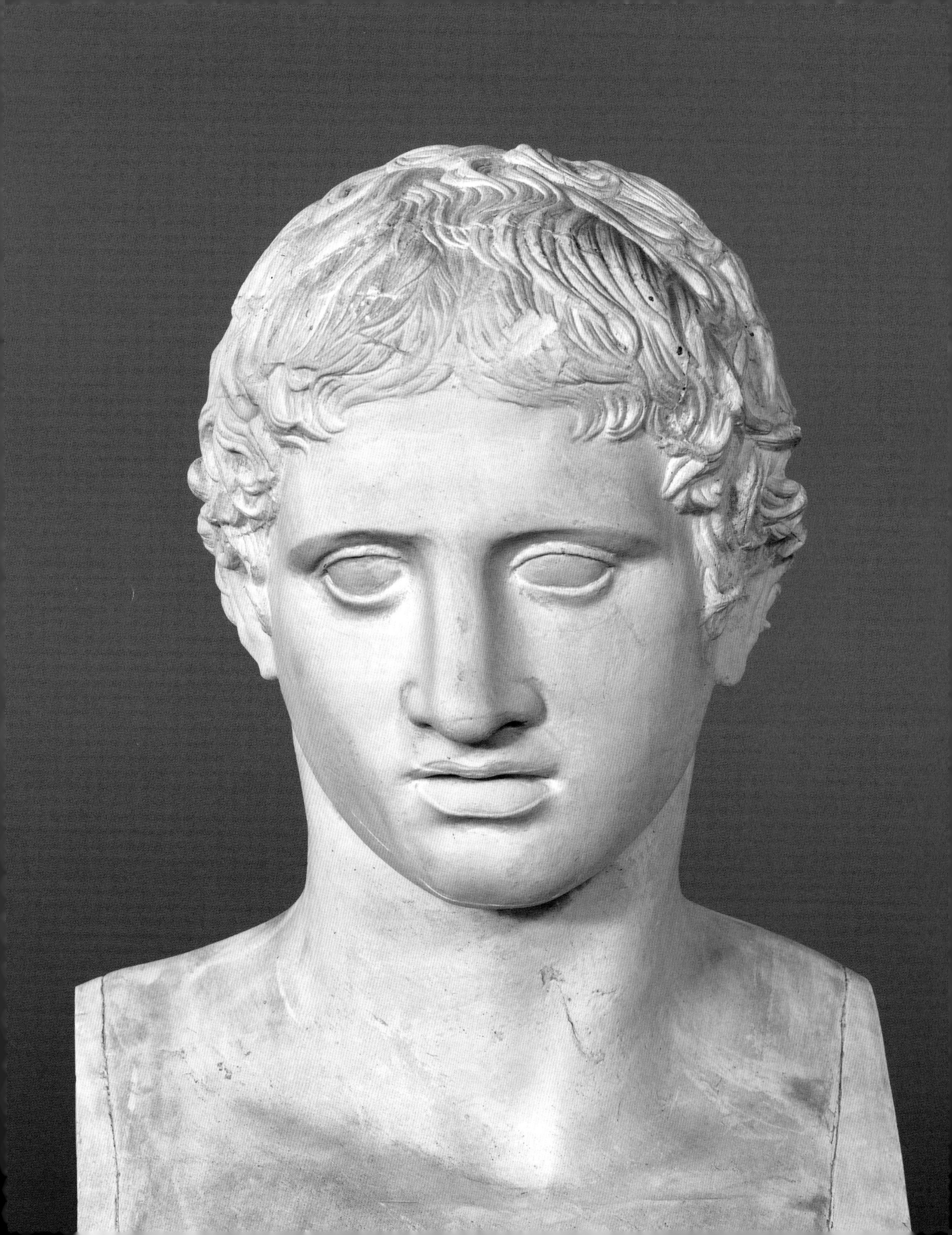

8

Statue eines Heros

Auf eine von Polyklet geschaffene Statue muss der Frisur zufolge ein leicht überlebensgroßer Kopftypus zurückgehen, den in Dresden Abgüsse der Bronzebüste aus Herkulaneum (Abb. 1–3)[149] und des marmornen Kopfes in der Centrale Montemartini in Rom vertreten.[150] Von den bislang bekannten Repliken, die fast alle zu Hermen oder Büsten gehört haben, tragen einige eine wulstförmige Binde im Haar, die dafür spricht, dass mit diesen Darstellungen Herakles gemeint ist. Aber zeigte auch das polykletische Werk diesen Heros? Diese Frage lässt sich nicht mit Gewissheit beantworten, weil sich bei keiner der Skulpturen, die den zum Kopftypus gehörigen Körper überliefern, ein Attribut erhalten hat. Die fünf Körperrepliken, die übrigens alle in der Größe gegenüber dem Vorbild um fast zwei Drittel reduziert sind,[151] informieren lediglich darüber, dass die linke Hand an den Rücken gelegt und der rechte Arm so positioniert war, dass sich die Hand ungefähr auf Höhe des Halses in einer gewissen Entfernung und nach rechts versetzt vor dem Körper befunden hat.[152] Die exponierte Position der Hand legt die Annahme nahe, dass diese kein Attribut gehalten hat, sondern einen Redegestus vollführte. Sollte diese Rekonstruktion zutreffen, wäre eine Deutung der Statue als Herakles als eher unwahrscheinlich anzusehen.

Die Tätigkeit des Dargestellten wird dadurch unterstrichen, dass der Kopf zur rechten Hand weist. Besonders gut zeigen dies die kleinformatigen Repliken, etwa das Köpfchen, das sich zeitweise im Besitz des bereits mehrfach erwähnten Dresdner Archäologen Paul Arndt befunden hat (Abb. 4–5). Aus der Bildunterschrift zu einem Foto aus Arndts Nachlass geht hervor, dass dieser das

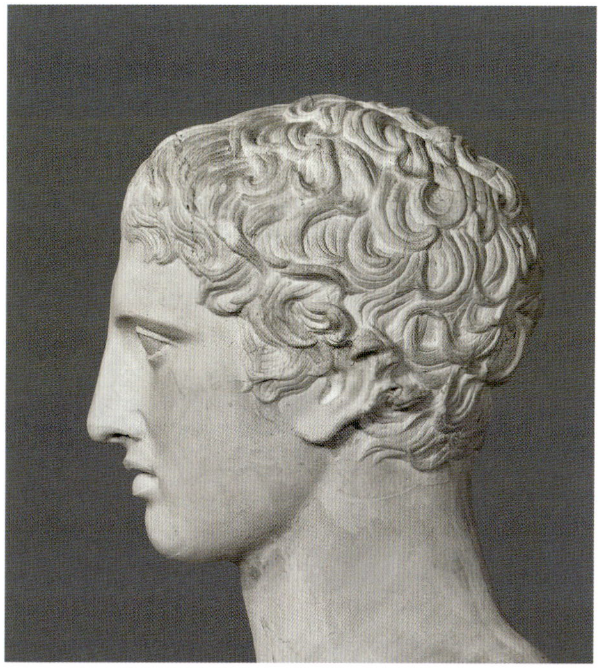

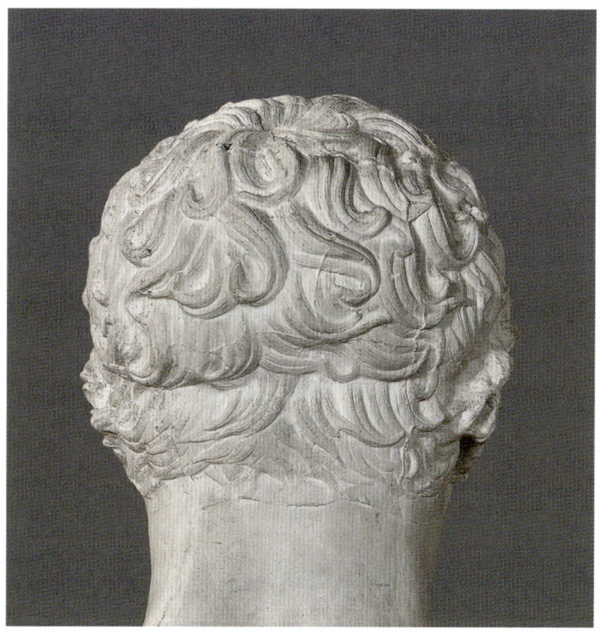

Abb. 1–3 Unbekannter Bildhauer:
Kopf der Teilkopie einer polykletischen Statue
Bronze, zweite Hälfte des 1. Jhs. v. Chr.
Neapel, Museo archeologico
(hier im Dresdner Abguss: Inv. ASN 2037)

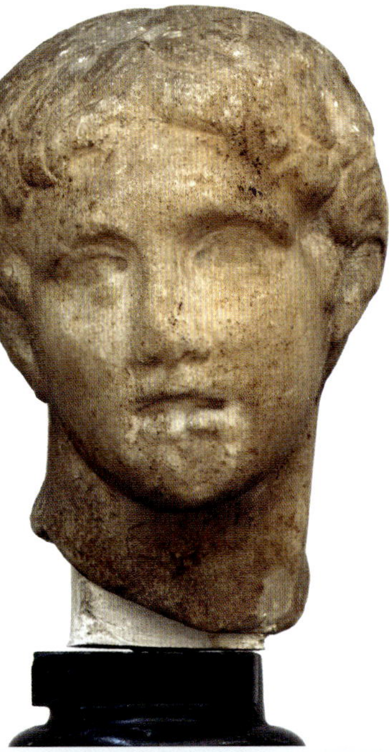 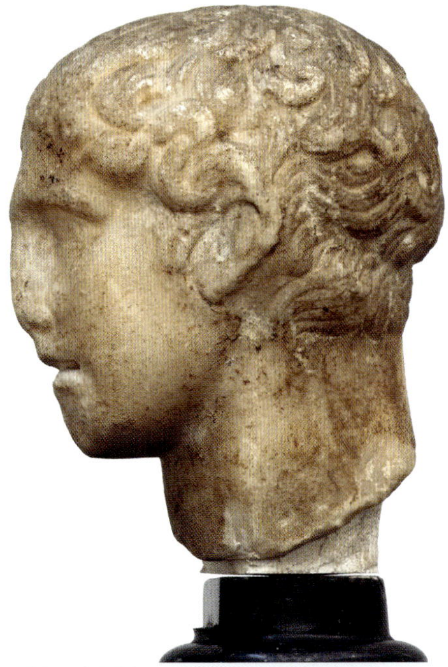

Abb. 4–5 Unbekannter Bildhauer:
Kopf der verkleinerten Kopie
einer polykletischen Statue
Marmor, 1. Jh. n. Chr.
Privatbesitz

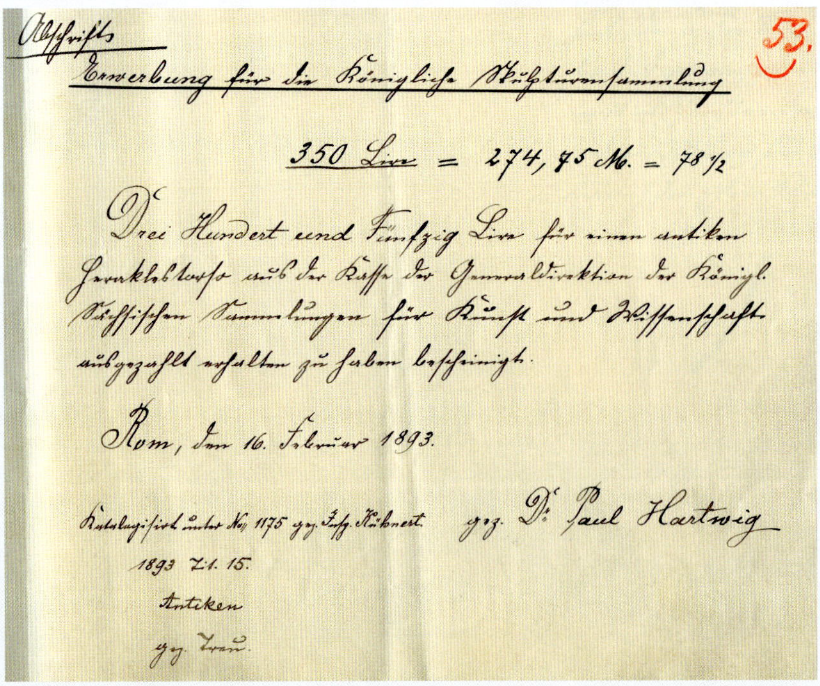

Abschrift

53.

Erwerbung für die Königliche Skulpturensammlung

350 Lire = 274,75 M. = 78 ½

Drei Hundert und Fünfzig Lire für einen antiken Heraklestorso aus der Kasse der Generaldirektion der Königl. Sächsischen Sammlungen für Kunst und Wissenschaft ausgezahlt erhalten zu haben bescheinigt.

Rom, den 16. Februar 1893.

Katalogisirt unter No. 1175 gez. Insp. Kühnert. gez. Dr. Paul Hartwig

1893 Z.1.15.
Antiken
gez. Treu.

Abb. 6 Empfangsbestätigung für eine Zahlung der Königlichen Skulpturensammlung, ausgestellt von Paul Hartwig am 16. 2. 1893
Dresden, Archiv der Skulpturensammlung

Abb. 7 Unbekannter Bildhauer:
Kopie einer Heraklesstatue
hochklassischer Zeit
Marmor, 1. oder 2. Jh. n. Chr.
Dresden, Skulpturensammlung,
Inv. Hm 93

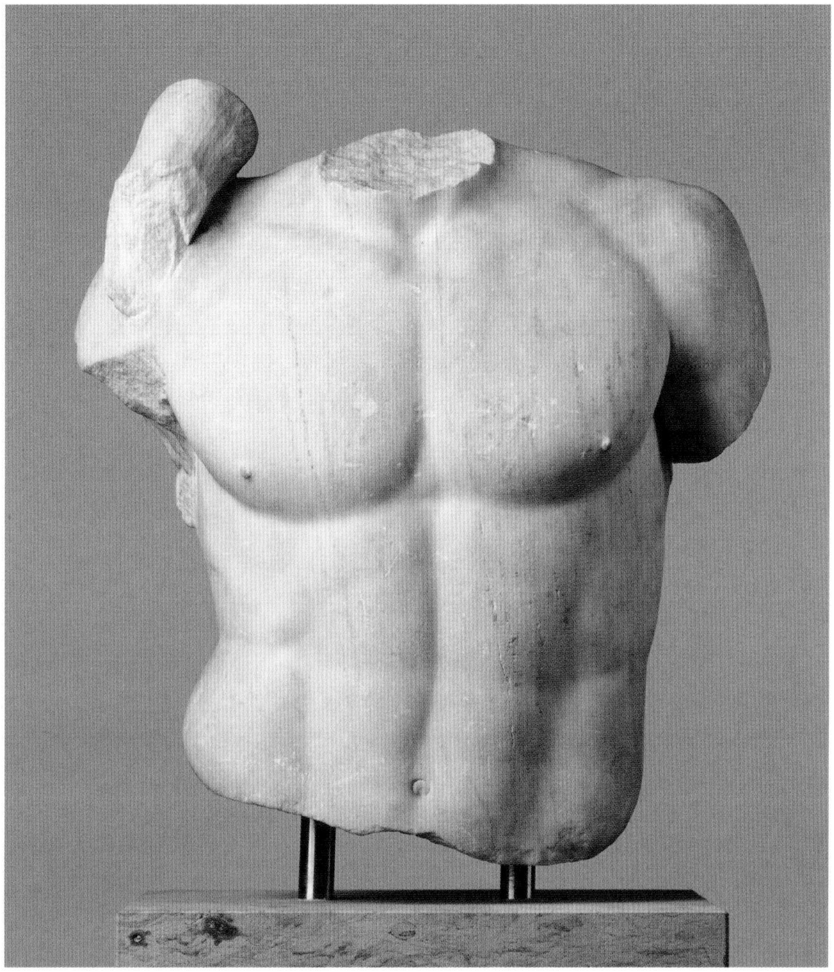

Köpfchen von einem mit ihm befreundeten Kollegen erworben hat, der gleichfalls aus Sachsen stammt: Paul Hartwig aus Pirna (1859–1919), der viele Jahre seines Lebens in Rom verbracht und dort geforscht sowie mit Antiken gehandelt hat.[153] Eine ganze Reihe von Erwerbungen für die Dresdner Sammlung ist mit Hartwigs Hilfe zustande gekommen; hervorgehoben sei der große Torso des Herakles (Abb. 7), der im Februar 1893 zum Preis von 274 Mark und 75 Pfennig angekauft werden konnte.[154] Hartwig hat der Königlichen Skulpturensammlung den Erhalt des Kaufpreises am 16. Februar bestätigt (Abb. 6). Der im 1. oder 2. Jh. n. Chr. tätige Bildhauer des *Herakles* hat eine der wenigen Statuen dieses Heros kopiert, die bislang für das 5. Jh. v. Chr. erschlossen werden konnten. Noch im Jahr des Erwerbs hat Arndt die bis heute gültige These vertreten, dass das selten kopierte Original, dessen Kopf eine Körperherme aus der Sammlung Ludovisi überliefert,[155] von einem Zeitgenossen Polyklets geschaffen worden sein dürfte: »Nach den Einzelheiten der Musculatur Polyklet nahestehend.«[156]

Das Köpfchen (Abb. 4–5) hat Arndt wohl bald nach seinem Erhalt an den Bierbrauer Carl Jacobsen verkauft, den Begründer der bedeutendsten dänischen Skulpturensammlung: der Ny Carlsberg Glyptotek in Kopenhagen. Jacobsen seinerseits dürfte das Stück spätestens in seinem Todesjahr, 1914, verschenkt haben. Erst vor wenigen Jahren ist es wieder im Kunsthandel aufgetaucht.[157]

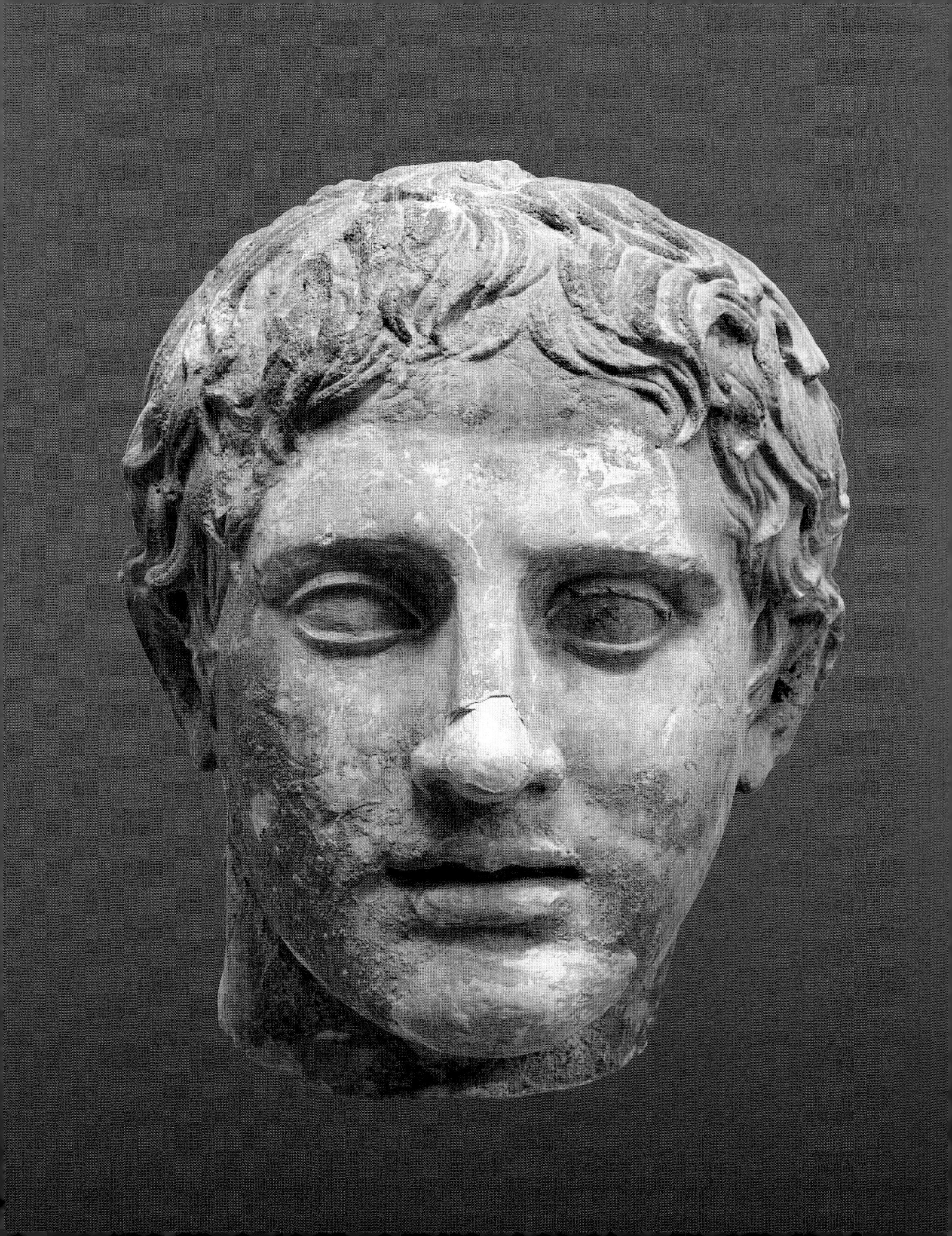

9

Männliche Statue

Ein Kopf im Depot der Centrale Montemartini (Abb. 1), der etliche Ergänzungen im Haar und im Gesicht aufweist, konnte schon vor langer Zeit als polykletisch bestimmt werden, weil er die für alle männlichen Skulpturen dieses Bildhauers charakteristische Haaranlage aufweist.[158] Oberhalb des zentralen Stirnbereichs erkennt man, leicht aus der Mitte versetzt, eine Gabelung der Strähnenkompartimente, mit welcher ein am Rand der Stirn befindliches Zangenmotiv korrespondiert, dessen Strähnen, rechts und links ungefähr auf gleicher Höhe, zur Kopfmitte hin orientiert sind. Das ausgeklügelte System aus Bewegung und Gegenbewegung wird zu den Seiten hin fortgesetzt und findet sich, wie bei den übrigen Werken Polyklets, auch auf der Kalotte und am Hinterkopf. Es geht einher mit einer Fülle an Variationen, welche die Strähnenlänge und -krümmung betreffen, sowie mit einem als kompakt erscheinenden Haarvolumen.

In den neueren Forschungen zu Polyklet ist dem Kopf in der Centrale Montemartini kaum noch Beachtung zuteilgeworden, weil Zanker in ihm die »Umbildung« eines anderen Typus vermutet hat.[159] Angesichts des in den römisch-kaiserzeitlichen Kopierbetrieben üblichen Umgangs mit Abgüssen polykletischer Werke ist solch eine Art der Veränderung indes gerade nicht zu erwarten. Mit einer Höhe von 24,5 cm (vom Kinn bis zum Scheitel) dürfte der Kopf vielmehr zu einer Statue gehört haben, die in der Größe dem ca. 1,84 m großen polykletischen *Hermes* (Kat. 5) nahegestanden hat. Eine Replik ist nicht bekannt und eine Benennung des Dargestellten in Ermangelung spezifischer Merkmale oder Attribute nicht möglich. Da das Haar einerseits einen etwas stärker bewegten Eindruck hinterlässt als dasjenige des *Hermes*, die Haargestaltung am Hinterkopf andererseits noch nicht so weit entwickelt ist wie diejenige des *Paniskos* (Kat. 13), wird man die Entstehung des nur partiell zu erschließenden Bildwerks zwischen den beiden genannten Werken ansetzen (um 430 v. Chr.).

Abb. 1 Unbekannter Bildhauer:
Kopf der Kopie einer polykletischen Statue
Marmor, frühes 1. Jh. n. Chr.
Rom, Centrale Montemartini, Inv. 1858

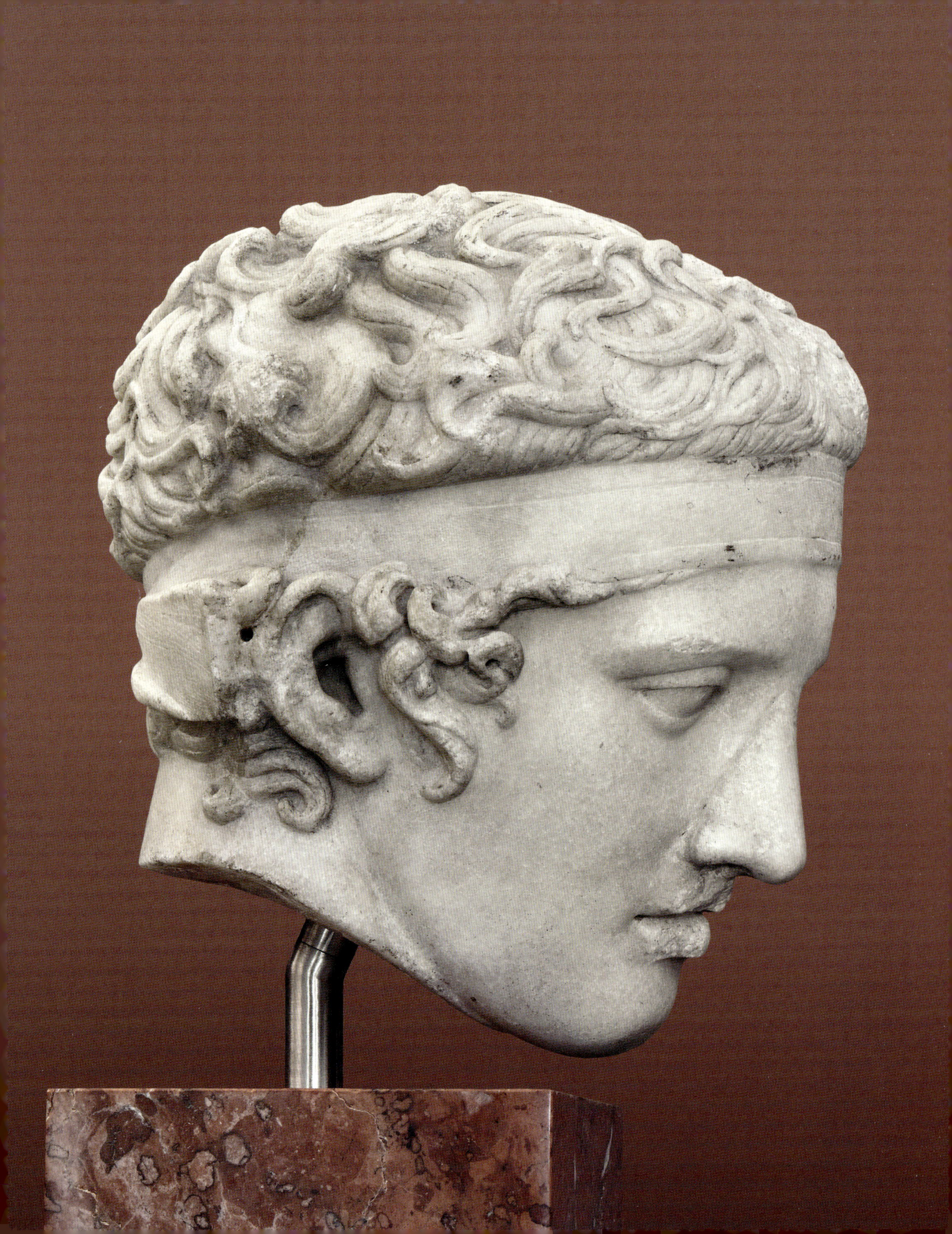

IO

Statue des Apollon, sog. Diadumenos

Als der Kopf des *Apollon* aus der Sammlung, die Flavio Chigi im 17. Jahrhundert in Rom zusammengetragen hatte, im Jahr 1729 nach Dresden gelangte, konnte man nicht wissen, wen man vor sich hatte (Abb. 1–2).[160] Im *Recueil des marbres antiques*, den Raymond Leplat 1733 publizieren ließ, gehört er folgerichtig zu den nicht wenigen Köpfen bzw. Büsten, bei denen eine Benennung des Abgebildeten unterblieben ist (Abb. 3). Wem der erste Dresdner Benennungsvorschlag verdankt wird, ist nicht ganz klar. Er findet sich im 1742 erstellten *Interims-Inventarium* in Gestalt eines nachträglichen Zusatzes und lautet: »Juba iun.«[161] Die Deutung als Juba II., König von Mauretanien von 25 v. Chr. bis 23 n. Chr., hat sich lange gehalten. Als erster hat sie Johann Friedrich Wacker, der Verfasser des Inventars des Jahres 1765, übernommen:[162] »Eine antique Buste des Juba junior, mit eingeflochtenem Diadema, welches hinten zusammen geflochten, auf die rechte Achsel in zwey Streifen hanget; mit wenig Gewand auf der rechten Schulter.« Eine Generation später hat diesen Benennungsvorschlag dann auch Lipsius in seiner *Beschreibung der Churfürstlichen Antiken-Galerie in Dresden* aufgegriffen:[163] »Ein antikes Brustbild *Juba des zweiten*, Königs von Mauretanien. Der Kopf sieht rechts, ist in der besten Manier gearbeitet, und von der äusersten Seltenheit, so, dass selbst die Capitolinische Sammlung keinen dergleichen aufzuweisen hat […].« Eine ähnliche Fehlbenennung ist im 18. Jahrhundert auch der

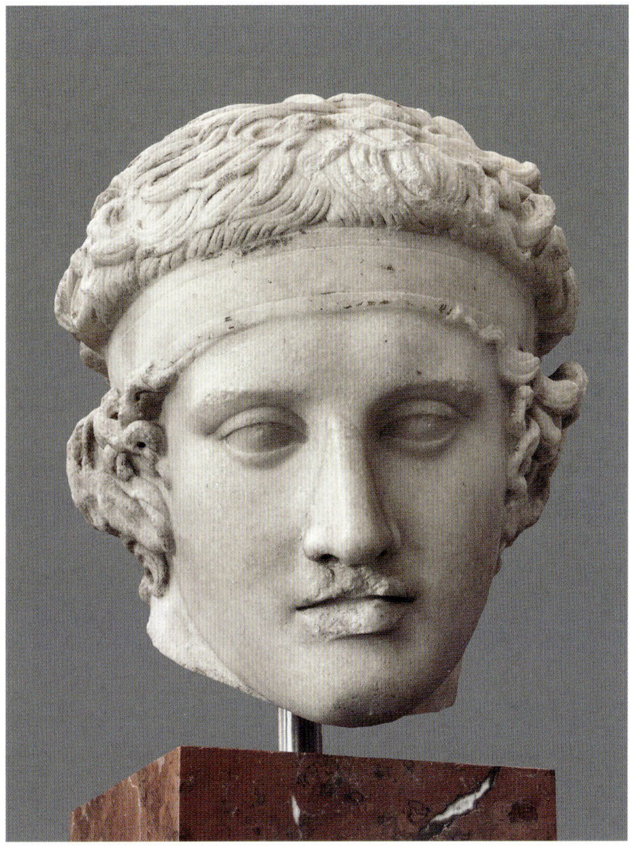

Abb. 1–2 Unbekannter Bildhauer:
Kopf einer Kopie des polykletischen *Apollon*
Marmor, mittleres 2. Jh. n. Chr.
Dresden, Skulpturensammlung, Inv. Hm 71

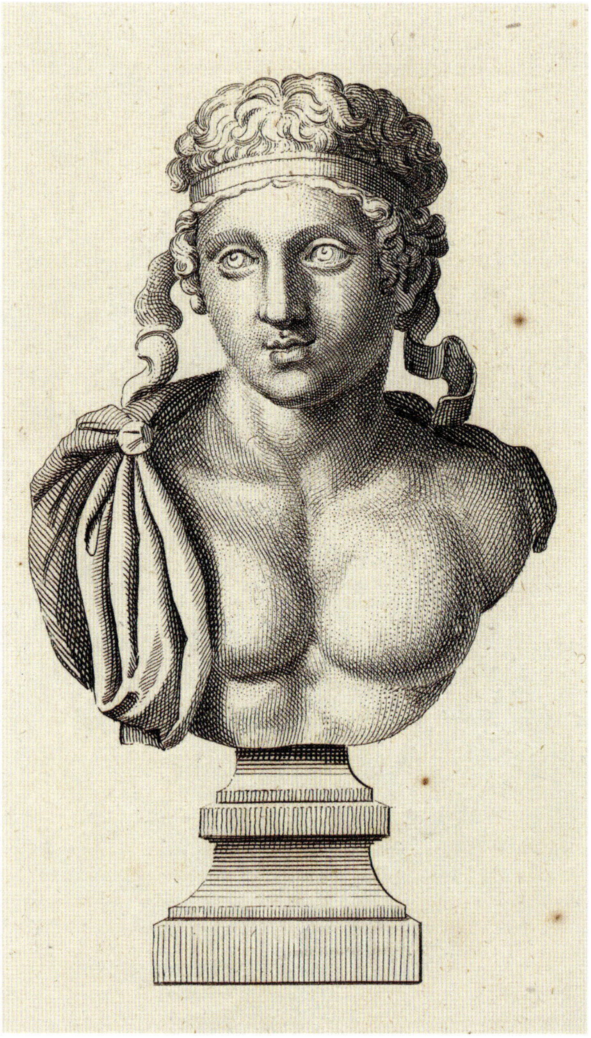

**Abb. 3 Unbekannter Bildhauer:
Kopf einer Kopie des polykletischen *Apollon*
Marmor, mittleres 2. Jh. n. Chr.
Dresden, Skulpturensammlung, Inv. Hm 71
(hier im Stich aus Leplats *Recueil*, 1733, Taf. 165, 5)**

Replik des *Diadumenos* zuteilgeworden, die aus der Sammlung Kristinas von Schweden (1626–1689) stammt und sich heute in Madrid befindet.[164] Bei dieser Statue führte das Vorhandensein der Binde im Haar im Jahr 1713/14 zu der Vermutung, dass einer der ägyptischen Könige namens Ptolemaios dargestellt sei.[165]

Erst seit der Zeit, als es François Lenormant und Adolf Michaelis in den 1870er-Jahren, 14 bis 15 Jahre nach der Identifizierung des polykletischen *Doryphoros*, glückte, den Typus anhand von statuarischen Repliken zu konstituieren,[166] war eine richtige typologische Bestimmung des Dresdner Kopfes möglich und somit klar, was der Dargestellte tut: Er hält die Enden einer um das Haupthaar gelegten Binde in seinen Händen, um sie im nächsten Moment am Kopf festzumachen.

Bis in die jüngste Vergangenheit ist sich die Forschung jedoch nicht einig geworden in der Frage, ob im Dargestellten der Gott Apollon oder aber ein Athlet zu erkennen ist. Die antiken Texte, in denen die von Polyklet geschaffene Bronzestatue als »Diadumenos« (»derjenige, der sich eine Stirnbinde umlegt«) Erwähnung findet, geben keinen diesbezüglichen Hinweis,[167] und Furtwängler ist bei der ersten, grundlegenden Besprechung des Typus in den *Meisterwerken der griechischen Plastik* gar nicht auf diese Frage eingegangen.[168] Nur ein Jahr nach dem Erscheinen von Furtwänglers epochaler Publikation ist auf der Kykladeninsel Delos eine fast vollständig erhaltene Kopie des *Diadumenos* zutage getreten (Abb. 6–7), die vor der Zerstörung von Delos im Jahr 88 v. Chr. entstanden sein muss und damit die früheste der vielen bis heute bekannt gewordenen Repliken ist. Sie misst bis zum Scheitel 1,85 m, war vollständig vergoldet und bietet, wie Friedrich Hauser im Jahr 1905 herausarbeiten konnte, den Schlüssel für die Deutung des verlorenen Originals:[169] An einem Astansatz der neben dem Standbein befindlichen Statuenstütze ist mit einem Riemen ein Köcher befestigt. Dieses Attribut genügte in der Antike, um den Dargestellten als Gott, Apollon, kenntlich zu machen. Der noch im gleichen Jahr von Emanuel Löwy vorgebrachte Einwand, die Deutung als Apollon lasse sich nicht auf das Original übertragen, da der Köcher ebenso gut vom Kopisten hinzugefügt worden sein könne, um das Thema der Darstellung zu ändern, ist nicht stichhaltig:[170] In der römischen Kaiserzeit lässt sich zwar – äußerst selten –

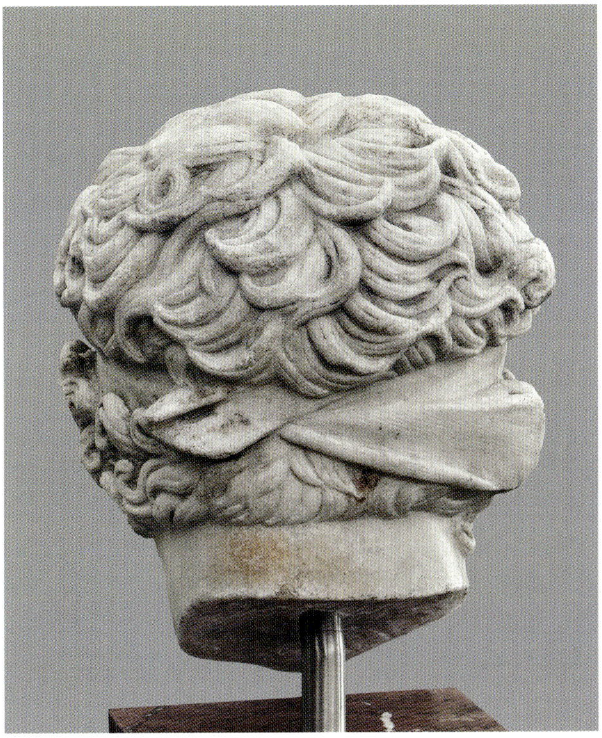

Abb. 4 Unbekannter Bildhauer:
Kopf einer Kopie des polykletischen *Apollon*
Marmor, mittleres 2. Jh. n. Chr.
Dresden, Skulpturensammlung, Inv. Hm 71

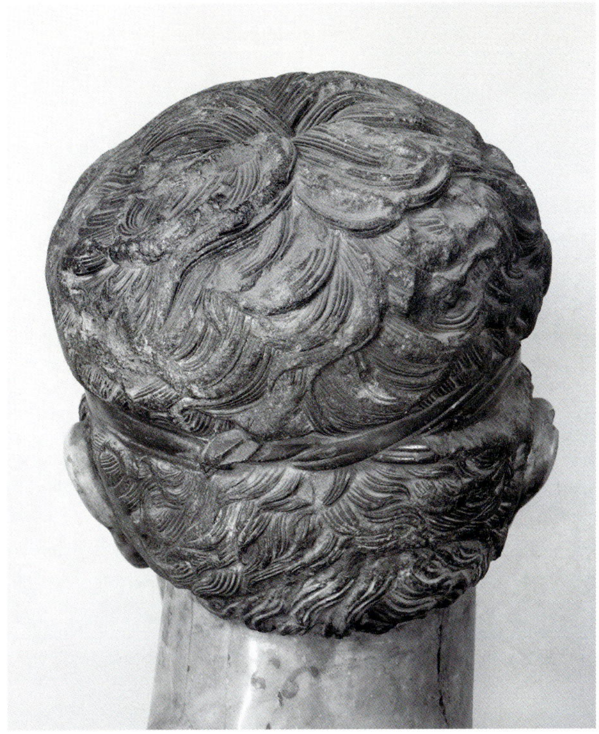

Abb. 5 Unbekannter Bildhauer:
Kopf einer Kopie des polykletischen *Apollon*
Grauwacke, spätes 1. Jh. v. Chr.
Florenz, Uffizien, Inv. 1914.356

nachweisen, dass einzelne Bildhauer einen Athleten in Apollon transformiert haben,[171] aber in der Frühzeit des Kopierens gibt es nichts Vergleichbares. Im Gegenteil: Frühe Umdeutungen erfolgten vorwiegend zu Porträtzwecken und sind außerdem in der Regel Pasticci, also aus Körpern und Köpfen zusammengesetzt, die auf unterschiedliche (!) Statuen zurückgehen. Anzuführen wären hier der sog. *Hermes aus Atalante*,[172] die in Eretria gefundene Statue eines Mannes namens Kleoneikos[173] sowie die berühmte *Ildefonso-Gruppe*, die im letzten Viertel des 1. Jhs. v. Chr. entstanden sein dürfte.[174] Löwys Einwand entbehrt außerdem auch deshalb jeglicher Plausibilität, weil sich der namentlich nicht bekannte Bildhauer der delischen Statue für die Herstellung der Kopie einer leicht überlebensgroßen Statue des Apollon ohne Schwierigkeiten Zugang zu Abgüssen von vielen verschiedenen Apollines klassischer oder nachklassischer Zeit hätte verschaffen können. Der Köcher, durch dessen Vorhandensein sich die früheste Kopie von allen späteren unterscheidet, kann nur deshalb ins Bild gesetzt worden sein, weil der Bildhauer wusste, wen das kopierte Original zeigte, und weil er dies bei seinem Werk zum Ausdruck bringen wollte. Später, als sich die Herstellung von Kopien zu einer im gesamten römischen Reich verbreiteten Praxis etabliert hatte, hat sich kein Kopist mehr um den Inhalt des Originals gekümmert. Die bei einigen Kopien des *Diadumenos* anzutreffende Palmstammstütze ist vielleicht noch ein schwacher Reflex der alten Sage, die Apollon das Licht der Welt am Fuße eines delischen Palmbaums erblicken lässt.[175]

Der Dresdner Kopf (Abb. 1–2) ist von einer Statue abgebrochen, die ungefähr 250 Jahre nach der delischen Replik angefertigt worden ist und damit zu den spätesten Kopien des verlorenen Bronzeoriginals zählt.[176] Die doppelte Punktbohrung ihrer Pupille ist ein Charakteristikum von Köpfen, die in antoninischer Zeit entstanden sind. Die Unterschiede zwischen der frühen und der späten Kopie sind durchaus bemerkenswert: Mit größter Virtuosität hat der Bildhauer der delischen Statue alle späteren Kopisten dadurch übertroffen, dass er der steinernen Binde eine textil anmutende Struktur zu verleihen vermochte (Abb. 6). Für die ausgeklügelte Disposition des Haupthaars hat er sich hingegen nicht begeistern können. An der linken Kopfseite durchbrechen unmittelbar oberhalb der Binde wuchtige Bohrkanäle die polykletische Ordnung, und dem linken Ohr fehlt ein für polykletische Werke besonders charakteristisches Merkmal, die Überschneidung durch einzelne Locken. Ganz anders der Bildhauer der Dresdner Skulptur: Er hat, wie aus dem Vergleich mit diversen gut erhaltenen Repliken hervorgeht,[177] nicht nur alle Strähnen vom Original übernommen, sondern auch, vornehmlich im Bereich des linken Ohrs, versucht, der an dieser Stelle besonders stark ausgeprägten Plastizität des Haars gerecht zu werden. Im Nacken hat er das zur rechten Hand führende Ende der Binde nicht vom Kopf gelöst (Abb. 4), was zur Folge hat, dass dort einige Strähnenmotive nicht zur Ausfertigung gelangen konnten. Über deren Aussehen unterrichten nur die extrem seltenen Kopien, deren Bildhauer die Binde fast zur Gänze frei gearbeitet haben. Wie dies der Bildhauer des Kopfes in den Uffizien bewerkstelligt hat, bleibt ein Rätsel.[178] Die Florentiner Replik (Abb. 5) besteht aus ägyptischer Grauwacke, war also wegen der für diesen Stein charakteristischen Härte extrem schwer zu bearbeiten, und es ist eigentlich nicht vorstellbar, dass ihr Schöpfer, dem sich vielleicht auch noch weitere Kopien aus Grauwacke zuschreiben lassen,[179] die Bindenabschnitte zwischen Kopf und Händen frei gearbeitet hat. Das Nackenhaar ist bei keiner der Repliken so detailliert ausgeführt wie dort.

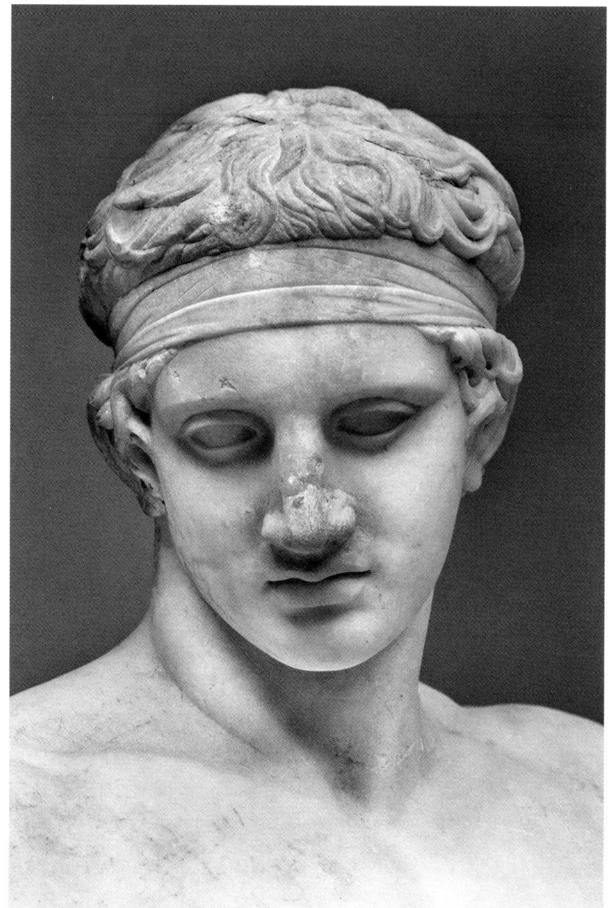

Abb. 6–7 Unbekannter Bildhauer:
Kopie des polykletischen *Apollon*
Marmor, um 100 v. Chr.
Athen, Nationalmuseum, Inv. 1826

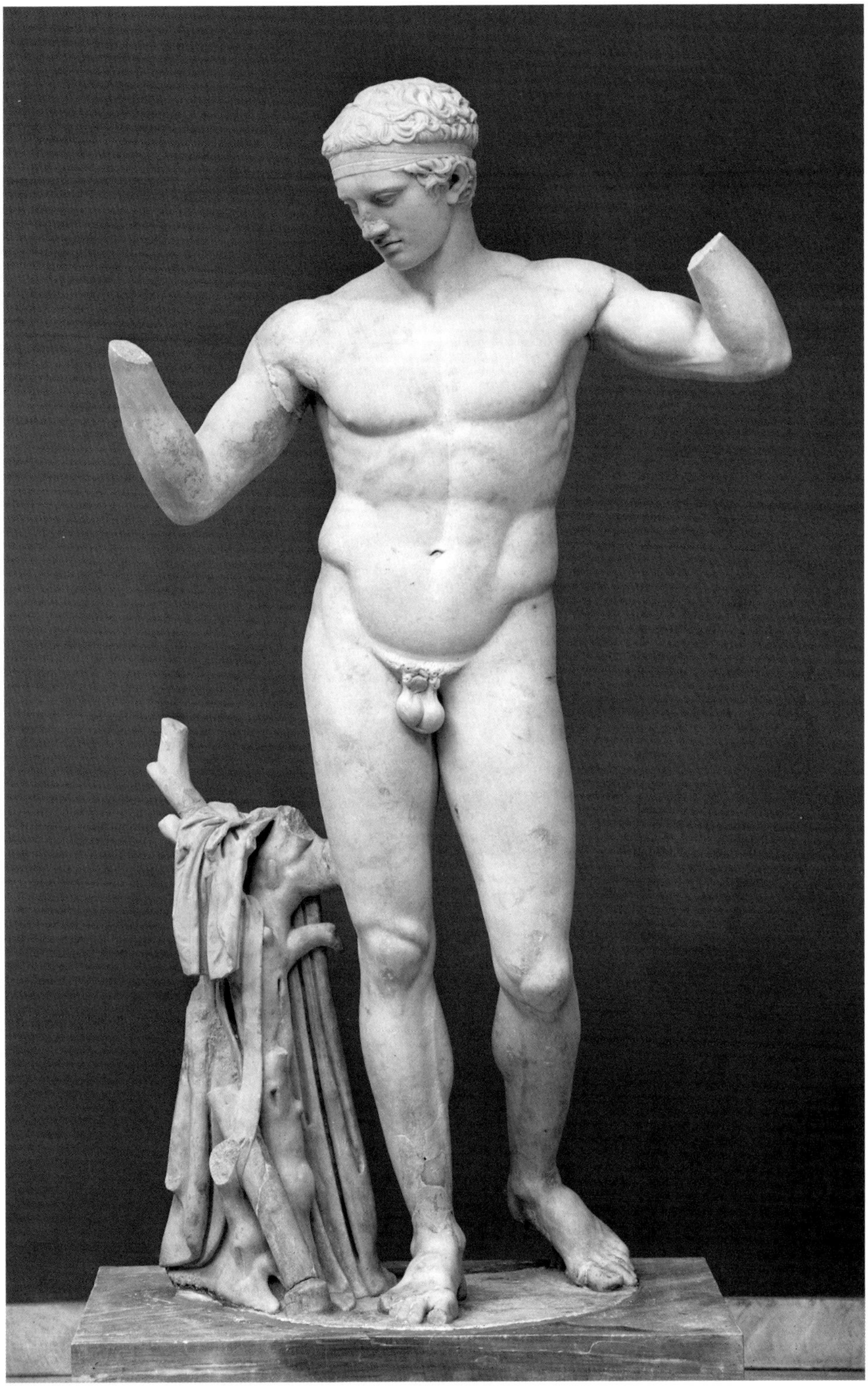

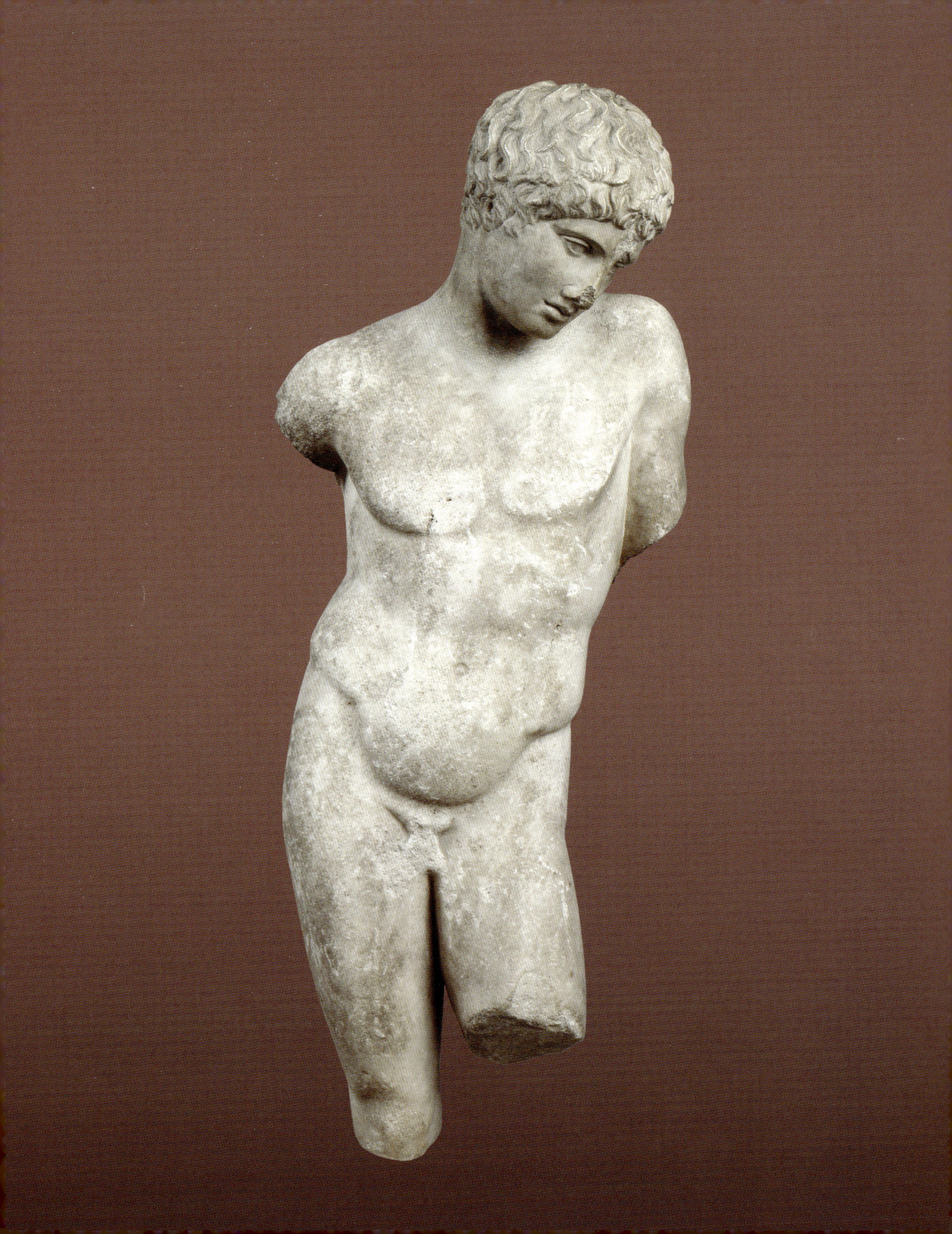

11

Statue eines Knaben, sog. Narkissos

Den aus bestem parischem Marmor bestehenden Knabentorso hat Georg Treu im Jahr 1894 ankaufen lassen (Abb. 1).[180] Paul Arndt schrieb ihm am 23. Mai 1894 aus Rom: »Lieber Freund! Ihrem Wunsche entsprechend habe ich den Narkissostorso von Carimini um 150 Lire = 120 Mark erworben. Das ist geradezu geschenkt.«

Die Skulptur ist heute nicht auf Anhieb als Torso zu erkennen. Treu hat dem Rumpf im Jahr 1895 den Abguss des Kopfes einer zu demselben statuarischen Typus gehörenden Replik[181] in so geschickter Weise aufsetzen lassen, dass man erst bei genauerem Hinsehen die unterschiedlichen Bestandteile erkennt.

Der Torso hat zu einer Statue gehört, die etwa 1,06 m groß war und einen Knaben zeigte, der die rechte Hand an den Rücken gelegt hatte und sich mit der linken Hand auf einen Gegenstand, wohl einen kleinen Pfeiler, stützte. Weder der Pfeiler noch das Attribut, das einige Kopisten dem Knaben in die rechte Hand gegeben haben – bezeugt sind ein Apfel und eine Binde[182] –, erlauben es, den Dargestellten zu identifizieren. Wegen des Alters von etwa sechs bis acht Jahren, das aus der Größe der Figur erschlossen werden kann, kommt die von manchem Forscher befürwortete Deutung als Narkissos (Narziss), der sich in sein Spiegelbild verliebt, wohl nicht in Betracht. In Ovids Erzählung vom Schicksal des Narkissos wird dieser jedenfalls als ein 16-Jähriger beschrieben.[183] Auch für eine Darstellung des Hyakinthos, den Apollon beim Diskuswurf versehentlich tödlich verletzt,[184] dürfte die Figur zu kindlich sein.[185] Zu denken ist eher, in Analogie zum größengleichen *Paniskos* (Kat. 13), an eine alterslose Personifikation, etwa an Pothos und Himeros, die Personifikationen des Liebesverlangens, oder an Hypnos, die Personifikation des Schlafes.

Die Zuweisung des Originals an Polyklet ist mehrfach angezweifelt worden, was nicht zuletzt darauf zurückzuführen sein dürfte, dass Furtwängler, dem eine der ersten ausführlichen Behandlungen des statuarischen Typus verdankt wird,[186] die Ansicht vertreten hat, der *Narkissos* sei das Werk eines Polyklet-Schülers. Insbesondere Thuri Lorenz hat jedoch in letzter Zeit deutlich machen können, dass eine vergleichbar große Beliebtheit – vom *Narkissos* sind sogar seitenvertauscht kopierte Repliken überliefert![187] – eigentlich nur bei einem Werk des Meisters selbst zu erwarten ist.[188] In diesem Fall wäre der bei dem römischen Schriftsteller Quintilian (um 35–um 100 n. Chr.) überlieferte Ausspruch nachvollziehbar, Polyklet habe sich »an nichts weiter als an glatte Wangen gewagt«.[189] Eine sich ebenfalls auf einen Pfeiler stützende Statue, eine von dem Bildhauer Kresilas geschaffene *Amazone* (*Amazone Typus Sciarra*), ist außerdem bereits für die Zeit um 440/30 v. Chr. bezeugt,[190] sodass nichts gegen die Annahme spricht, auch Polyklet habe von den Möglichkeiten, welche die Einbeziehung einer Stütze in eine statuarische Komposition bietet, Gebrauch gemacht.

Vergleicht man das Haupthaar mit demjenigen des *Dresdner Knaben* (Kat. 12), erkennt man zum Beispiel am Hinterkopf eine Reihe ziemlich ähnlicher Lockenmotive. Bei der Betrachtung des rechten Profils wird zudem deutlich, dass der größte Teil des Ohrrands hier wie dort von einzelnen Strähnengruppen überlagert wird. Beim *Narkissos* sind jedoch die beim *Dresdner Knaben* vor dem rechten Ohr ersichtliche Verspieltheit in der Disposition der Strähnenkompartimente und deren Detailreichtum noch nicht erreicht. In ihm dürfte das ältere von beiden Werken zu erkennen sein.

Abb. 1 Unbekannter Bildhauer:
Kopie einer polykletischen Statue
Marmor (mit Kopfergänzung aus Gips), 1. oder 2. Jh. n. Chr.
Dresden, Skulpturensammlung, Inv. Hm 72

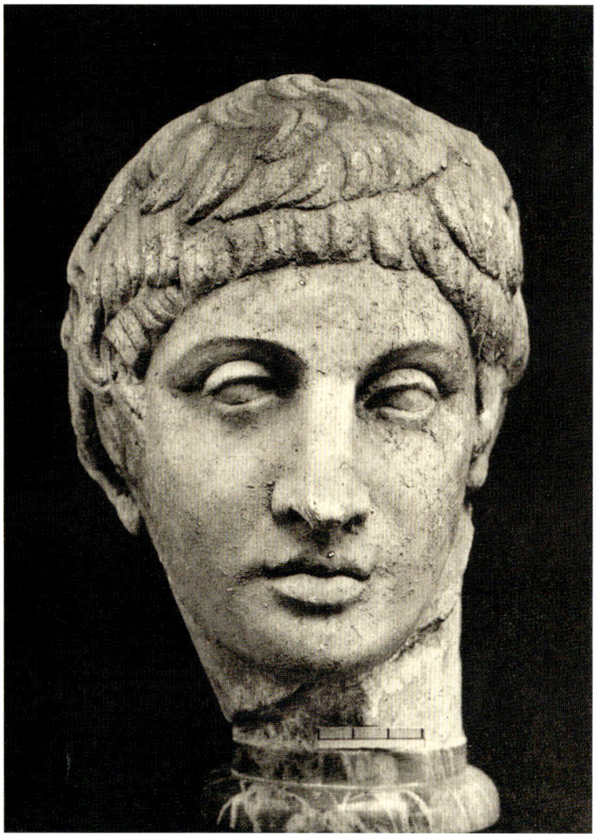

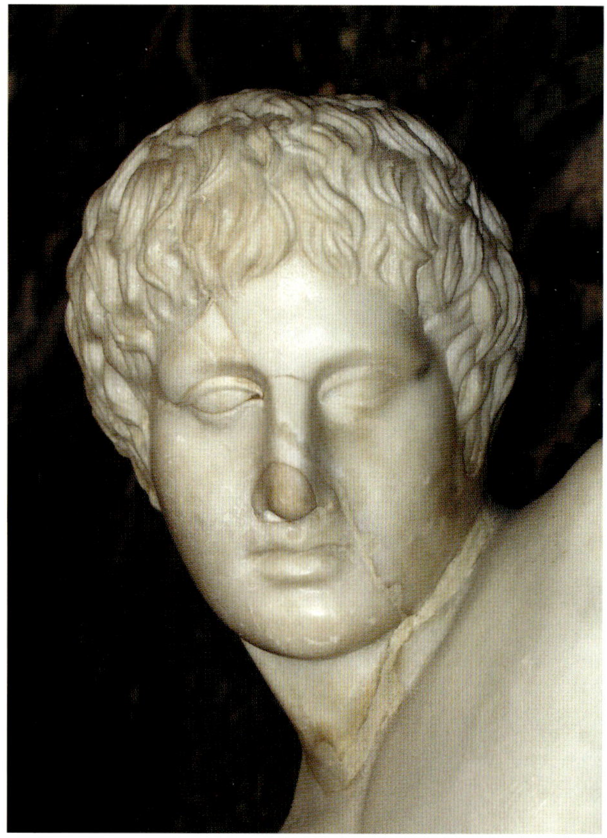

Abb. 2 Unbekannter Bildhauer: Bildnis, das mit dem Körper einer polykletischen Statue verbunden war
Marmor, frühes 2. Jh. n. Chr.
Kopenhagen, Ny Carlsberg Glyptotek, Inv. 594

Abb. 3 Unbekannter Bildhauer:
Kopie einer polykletischen Statue (Detail)
Marmor, 1. Jh. n. Chr.
Paris, Musée du Louvre, Inv. Ma 456

Ebenso, wie es bei einigen der übrigen Werke Polyklets der Fall gewesen ist, hat man in der römischen Kaiserzeit dann, wenn die Absicht bestand, eine Porträtstatue herzustellen, gelegentlich auch auf den *Narkissos* zurückgegriffen. Zwei Köpfe in Kopenhagen (Abb. 2),[191] die wegen der Größe und der Haltung mit diesem statuarischen Typus in Verbindung stehen müssen, zeigen bei frontaler Betrachtung in der Disposition des Haupthaars so viele Abweichungen vom polykletischen Vorbild, dass sie als Bildnisse anzusehen sein dürften. Wahrscheinlich haben sie zu Statuen gehört, die zum Gedenken an verstorbene Kinder geschaffen worden sind.

▶ Abb. 4 Unbekannter Bildhauer:
Kopie einer polykletischen Statue
Marmor (mit Kopfergänzung aus Gips), 1. oder 2. Jh. n. Chr.
Dresden, Skulpturensammlung, Inv. Hm 72

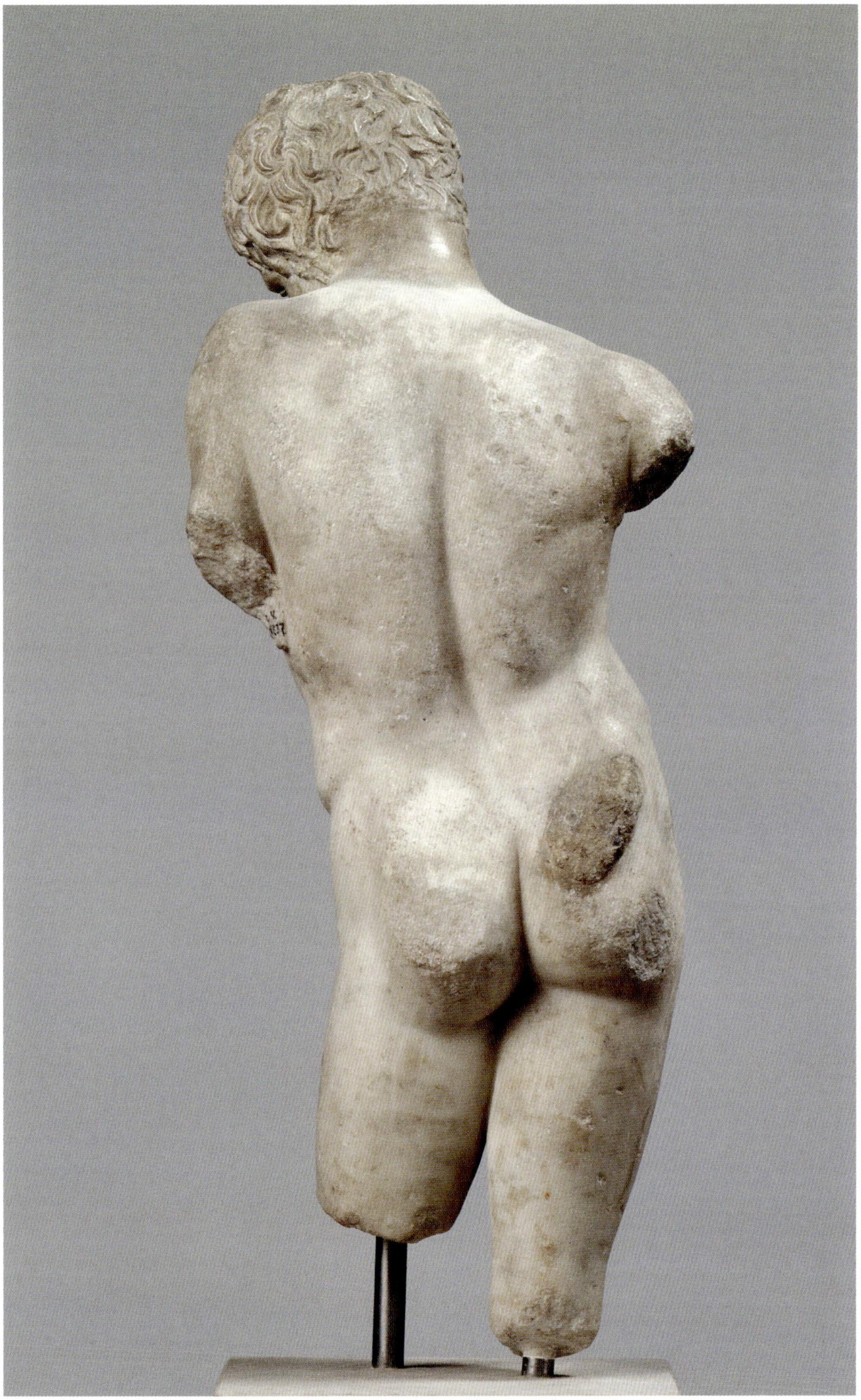

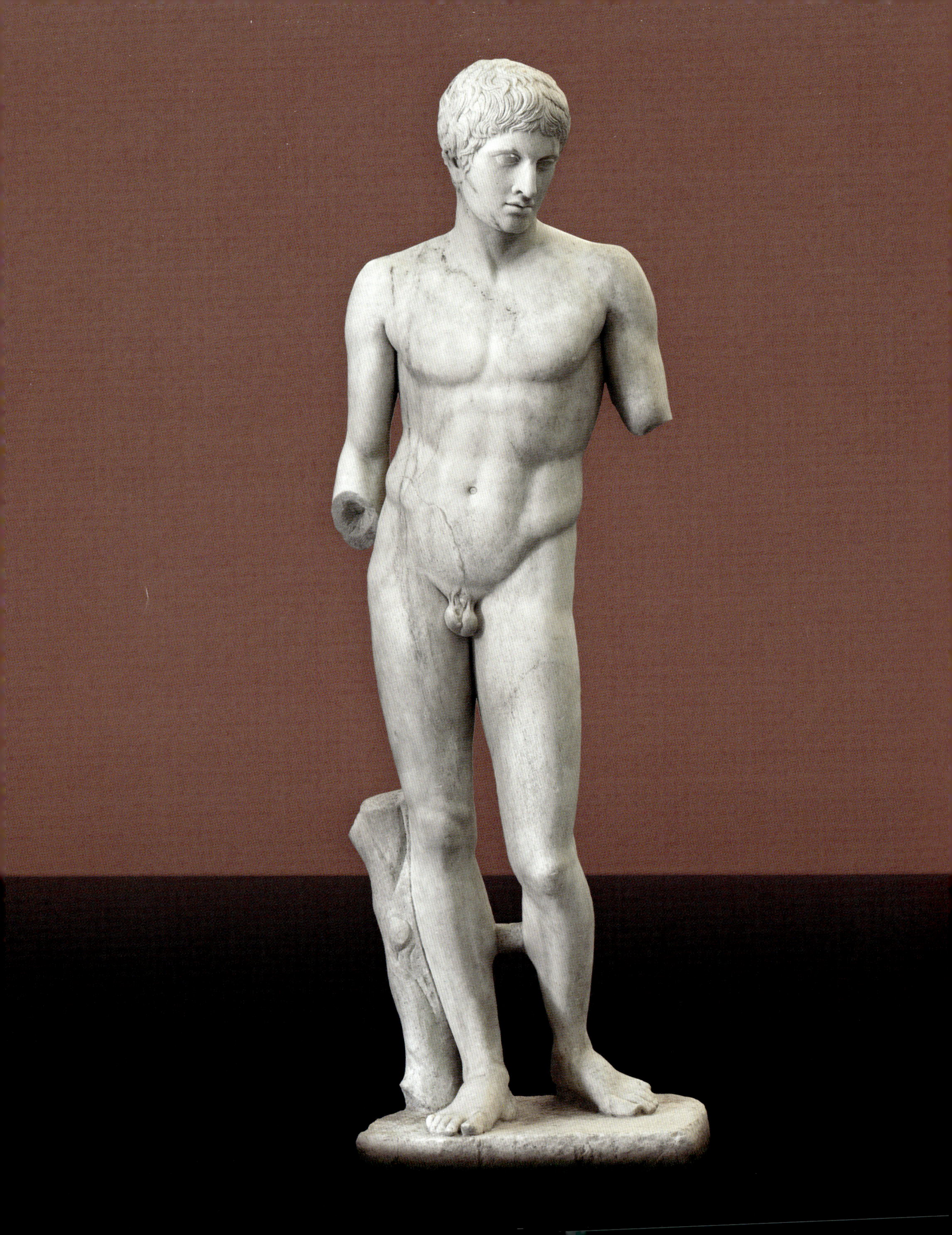

12

Statue eines unbekannten Athleten, sog. Dresdner Knabe

Die für die Erschließung des polykletischen Œuvres wichtigste Dresdner Skulptur ist die Statue des sog. *Dresdner Knaben*, die August der Starke 1728 aus der Sammlung von Kardinal Alessandro Albani (1692–1779) hat erwerben können (Abb. 1).[192] Adolf Furtwängler, dem unter anderem auch die Konstituierung des statuarischen Typus des *Diskusträgers* (Kat. 1) verdankt wird, ist es 1893 geglückt, die Dresdner Statue mit weiteren, schlechter erhaltenen Repliken zu einem Typus zusammenzuschließen und im Œuvre Polyklets zu verankern.[193] Dass die Statue auf ein Werk dieses Bildhauers zurückgehen dürfte, hatte einige Jahre vor Furtwängler schon Georg Treu erkannt.[194] Auch wenn die ursprüngliche Position der verlorenen Unterarme anhand der Dresdner Kopie ungefähr rekonstruiert werden kann, ist es in Ermangelung einer vollständig erhaltenen Replik bis heute nicht möglich, das Attribut des Halbwüchsigen zu bestimmen. Die Größe von 1,52 m und die Kurzhaarfrisur lassen erwarten, dass die Statue einen Athleten zeigt, der in einem bedeutenden Wettbewerb, vielleicht bei den Olympischen Spielen, einen Sieg in der Klasse der Knaben errungen hat und dafür von seiner Heimatstadt mit einer Bronzestatue in Lebensgröße geehrt worden ist.

Polyklets ›Handschrift‹ wird auch beim statuarischen Typus des *Dresdner Knaben* besonders bei der Betrachtung der Frisur deutlich. Ausgehend von einem Motiv auf der Schädelkalotte, das an einen Seestern erinnert, entwickelt sich die Frisur in Form von sichelförmig geschwungenen Strähnengruppen in alle Richtungen und läuft im Bereich der

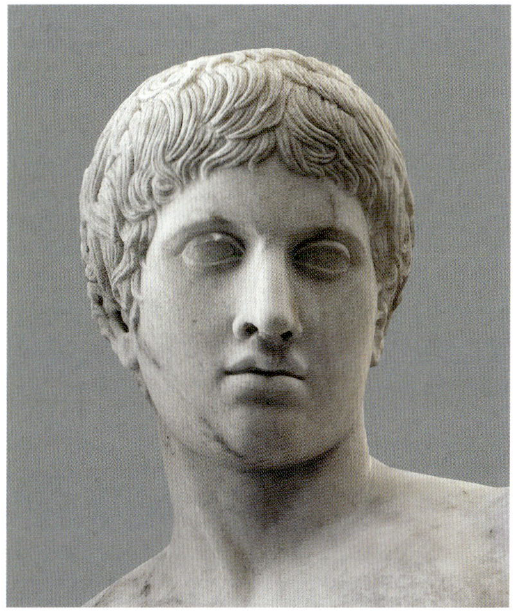

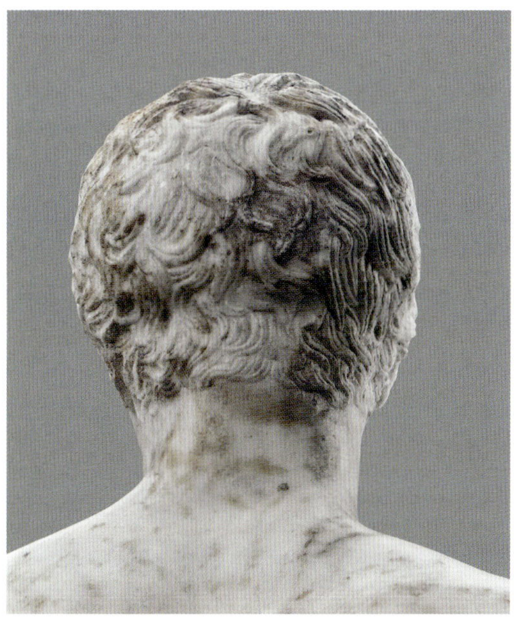

Abb. 1–3 Unbekannter Bildhauer:
Kopie eines polykletischen Athleten
Marmor, um Christi Geburt
Dresden, Skulpturensammlung, Inv. Hm 88

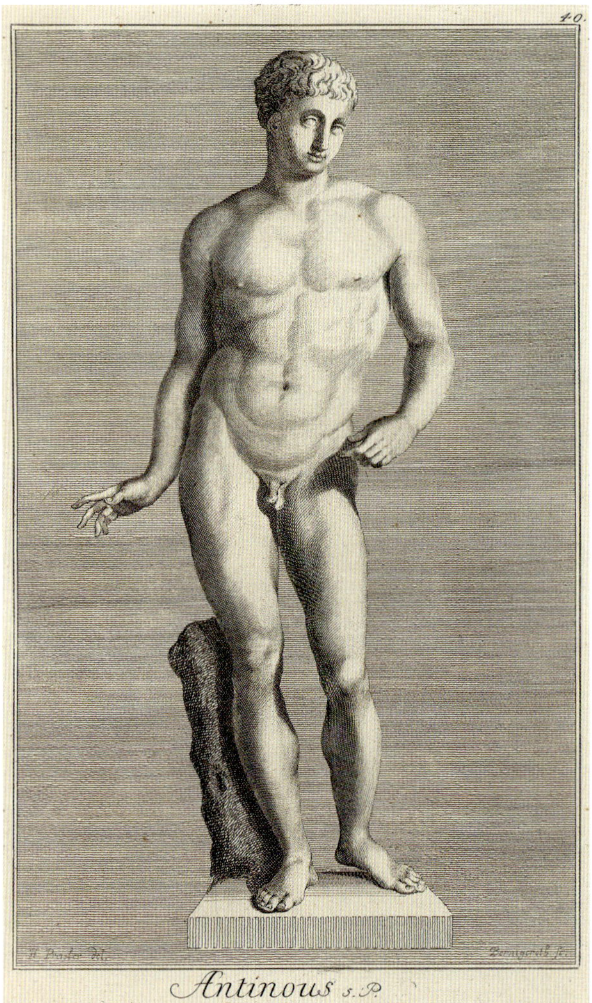

Abb. 5 Unbekannter Bildhauer: Kopie eines polykletischen Athleten
Marmor, um Christi Geburt
Dresden, Skulpturensammlung, Inv. Hm 88 (hier im Stich aus Leplats *Recueil*, 1733, Taf. 40)

Stirn in mehreren ›Zangen‹- bzw. ›Gabel‹-Motiven aus (Abb. 2). Der Vergleich mit den Kopfrepliken des polykletischen *Hermes* (Kat. 5) gibt zu erkennen, dass die Frisur des *Dresdner Knaben* vor den Ohren nicht mehr ganz so systematisch konzipiert worden ist wie diejenige des etliche Jahre früher entstandenen Gottes. Beim *Dresdner Knaben*, der aus den 420er-Jahren stammen dürfte, macht sich bereits der sog. Reiche Stil bemerkbar, der vor allem für Werke charakteristisch ist, die attische Bildhauer im letzten Drittel des 5. Jh. v. Chr. geschaffen haben. Im Unterschied zur Mehrzahl seiner Schöpfungen hat sich Polyklet beim *Dresdner Knaben* für eine Kopfwendung zur Spielbeinseite hin entschieden, die vermutlich durch das in der linken Hand gehaltene Attribut motiviert war.

Das namengebende Stück des statuarischen Typus weist als Besonderheit zwei ›Kopierpunkte‹ auf (Abb. 4), die sich an einer schlecht einzusehenden Stelle, am Hinterkopf, befinden. Dem in augusteischer Zeit tätigen Bildhauer haben sie dazu gedient, die Charakteristika des Abgusses mit möglichst großer Genauigkeit auf den von ihm zu bearbeitenden Block pentelischen Marmors zu übertragen. Andere Abweichungen, die der *Dresdner Knabe* gegenüber dem aus den Kopien erschlossenen Bronzeoriginal aufweist, sind dem Material geschuldet. Um sicher stehen zu können, ist die Figur ebenso wie nahezu alle anderen bekannten antiken Kopien zusammen mit der Plinthe aus einem Stück gearbeitet, und um dem Stein zusätzliche Stabilität zu verleihen, befinden sich neben dem Standbein ein inhaltlich sinnloser Baumstumpf sowie zwischen den Unterschenkeln eine Strebe. Mit Streben waren ursprünglich auch die Arme gesichert. Erhalten hat sich jedoch nur der Ansatz der Strebe, die zum rechten Handgelenk führte; die Bruchstelle, an welcher der Steg zum linken Handgelenk seinen Ausgang nahm, ist nach der Auffindung der Statue so gründlich geglättet worden, dass sie sich auch im Streiflicht nicht mehr genau lokalisieren lässt.[195]

▸ Abb. 6 Johann Friedrich Wacker: *Inventarium über sämtliche im großen Garten befindliche antique und moderne Statuën, Groupen, Busten, Köpfe u. u.*, Dresden 1765, Bl. 19r
Dresden, Archiv der Skulpturensammlung

Statuën, von weissen Marbre.

No.		Woher.	Höhe Schuh	Höhe Zoll
	ten einen Apfel oder Kugel, und lehnet sich mit seinem linken Arm auf einem dabey stehenden Löwen, welcher den Rachen aufsperret, und die linke Pfote aufhebet. Le Plat. 60.² An der linken fehlt der kleine Finger.	Eben daher.	3.	—
157.	Eine junge Ziege, welche auf die Vorder-Beine sowohl als rechten Hinter-Beine kniet. Der linke Hinter-Fuß liegt ausgestrecket, auf dessen Laufft die 5. Zehen von einem Menschen-Füsse ausgehauen zu sehen. Fehlt etwas am Ohr. Le Plat. 126².	Eben daher.	1.	4.
160.	Ein stehend nackend junger Mensch mit beyden herab hangenden Armen; hält die rechte Hand offen und die linke gewendet gegen den Unterleib zu. Am rechten Bein ist ein tronc d'arbre. f. Le Plat. n. 40. Sind vier. Finger ab, und da	Albani Eben daher.	5.	—

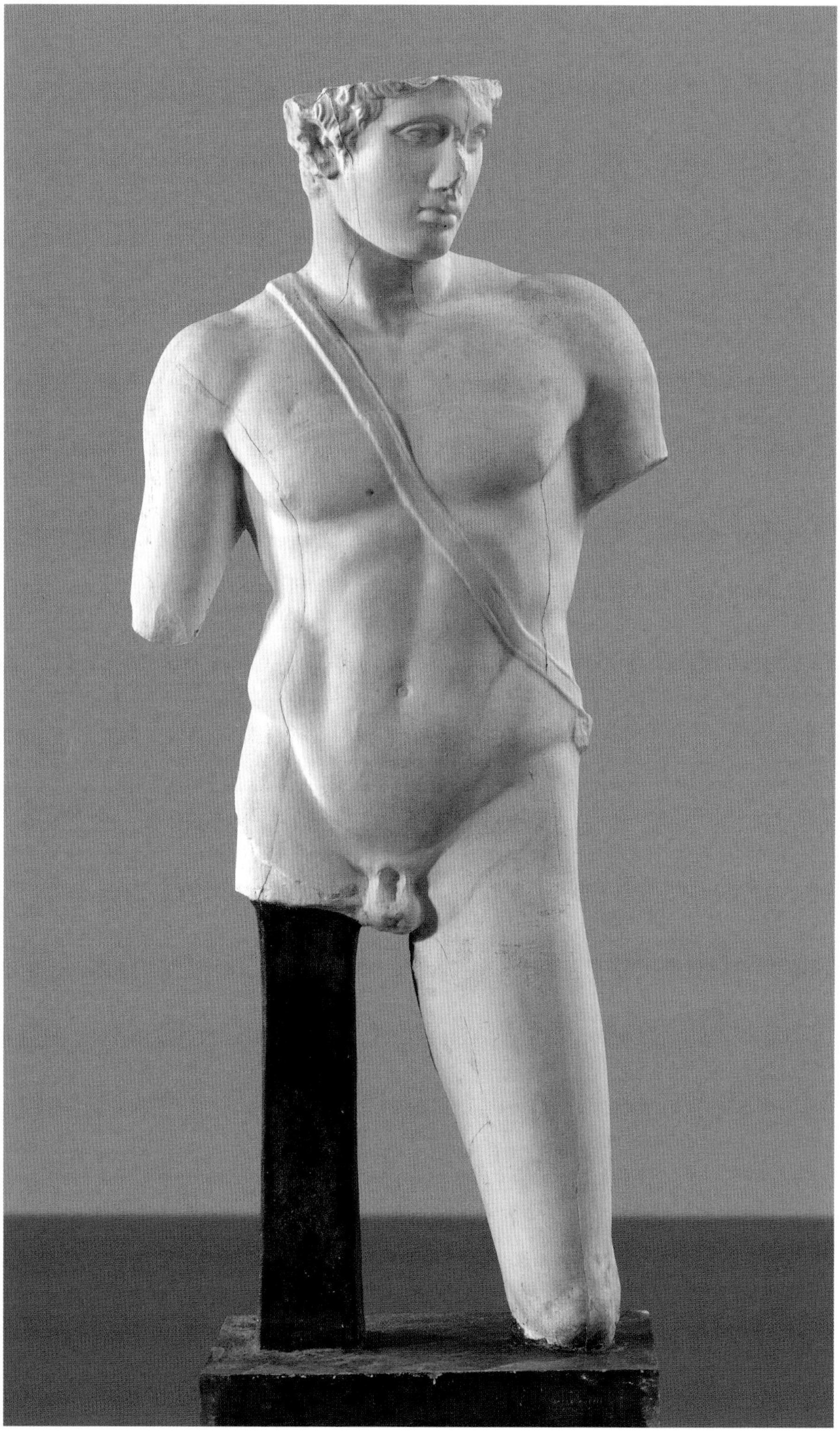

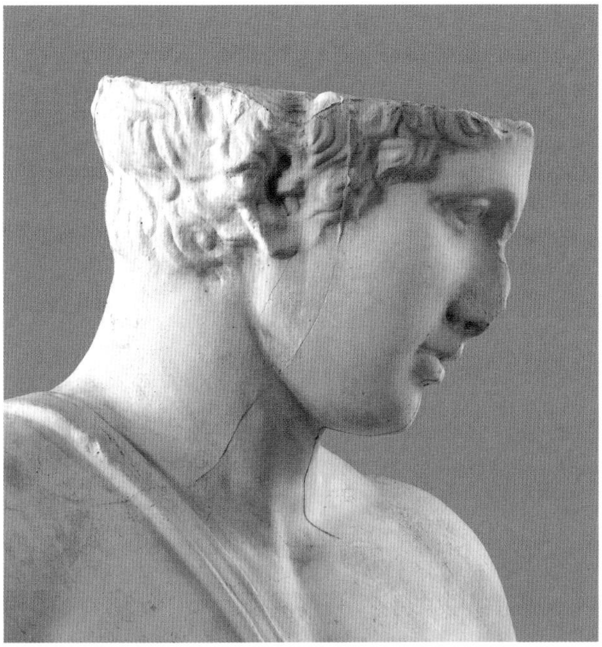

Abb. 7–8 Unbekannter Bildhauer: Umdeutung eines polykletischen Athleten Marmor, zweite Hälfte des 1. Jhs. v. Chr. Rom, Musei Capitolini, Depot (hier im Dresdner Abguss: Inv. ASN 2250)

Nach der Entdeckung der Statue – wohl in der Zeit um 1720 – stand der Restaurator vor dem gleichen Problem wie die archäologische Forschung noch 300 Jahre später: Welches Attribut kann der Knabe gehalten haben? In Ermangelung einer überzeugenden Idee entschied er sich dafür, beide Hände leer zu belassen und die Statue als Darstellung des Antinous, der im Jahr 130 als Jugendlicher im Nil ertrunken ist, an Kardinal Albani zu verkaufen. Als Antinous ist die Statue dann auch von August dem Starken erworben und in Leplats *Recueil* aufgenommen worden (Abb. 5).[196] Bereits eine Generation später scheint diese Deutung jedoch als überholt erachtet worden zu sein: Im Dresdner *Inventarium* aus dem Jahr 1765, das Johann Friedrich Wacker verfasst hat, ist nur noch von einem »jungen Menschen mit herab hangenden Armen« die Rede (Abb. 6).[197] Lipsius hat die Benennung als Antinous im ausgehenden 18. Jahrhundert dann ausdrücklich zurückgewiesen.[198]

Zum statuarischen Typus des *Dresdner Knaben* gehört noch ein zweites Werk der Skulpturensammlung.[199] Es handelt sich um den Gipsabguss einer fragmentarisch erhaltenen Statue im Depot der Kapitolinischen Museen (Abb. 7–8), die erstmals im Jahr 1886 besprochen worden ist. Wie in vielen anderen Fällen hat auch hier der Umstand, dass die Skulptur in einem Detail vom *Dresdner Knaben* abweicht – sie trägt ein über die rechte Schulter gelegtes Schwert- oder Köcherband –, für eine gewisse Verwirrung gesorgt. In seinen *Meisterwerken* rückt Furtwängler sie zwar in die Nähe des *Dresdner Knaben*, schreibt aber, dass ihm keine Replik bekannt sei,[200] und im Jahr 2010 ist sie sogar irrtümlich als Kopie eines Werkes des Praxiteles (!) klassifiziert worden.[201] Furtwänglers Beurteilung hängt damit zusammen, dass es von einem anderen Werk Polyklets, dem *Diadumenos* (Kat. 10), eine verkleinerte Wiederholung gibt, den *Diadumenos Farnese* (Abb. S. 21), der sich dadurch gravierend vom Vorbild unterscheidet, dass der Fuß des Spielbeins bei ihm mit der ganzen Sohle auf dem Boden ruht.[202] Obwohl diese Überlieferung durch keine Replik gestützt wird, hat die Forschung bis 1974 angenommen, dass es im 5. Jh. v. Chr. außer dem polykletischen *Diadumenos* noch eine zweite, ganz ähnliche, aber im Standmotiv abweichende Statue gegeben habe, das Werk eines aus Attika stammenden Zeitgenossen des Polyklet.[203] Auf dieser Grundlage wurde gelegentlich die These vertreten, dass im 5. Jh. v. Chr. nicht nur vom *Diadumenos*, sondern auch von anderen statuarischen Schöpfungen Polyklets Zweitausführungen attischen Ursprungs existiert hätten. Erst Paul Zanker gelang es nachzuweisen, dass der Bildhauer des *Diadumenos Farnese* das Vorbild, also den polykletischen *Diadumenos*, nicht nur verkleinert, sondern auch im Hinblick auf die Haltung von Kopf, Armen und Spielbein vereinfacht hat.[204]

Tatsächlich ist die fragmentarisch erhaltene Statue im Depot der Kapitolinischen Museen (Abb. 7) als eine Umdeutung des statuarischen Typus des *Dresdner Knaben* zu interpretieren, mit dem sie sowohl in der Größe und in allen Lockenmotiven als auch im Standmotiv genau übereingestimmt haben dürfte. Wer mit der Darstellung gemeint ist, bleibt indes fraglich. Der wahrscheinlichste Kandidat dürfte, passend zur Knabengröße, Eros sein, der in der antiken Skulptur gelegentlich mit einem Köcherband wiedergegeben worden ist. Die Augenbildung und die zum Teil durchaus flüchtig anmutende Darstellung des Haars sprechen meines Erachtens dafür, dass die Skulptur in späthellenistischer Zeit, im 1. Jh. v. Chr., geschaffen worden ist.[205]

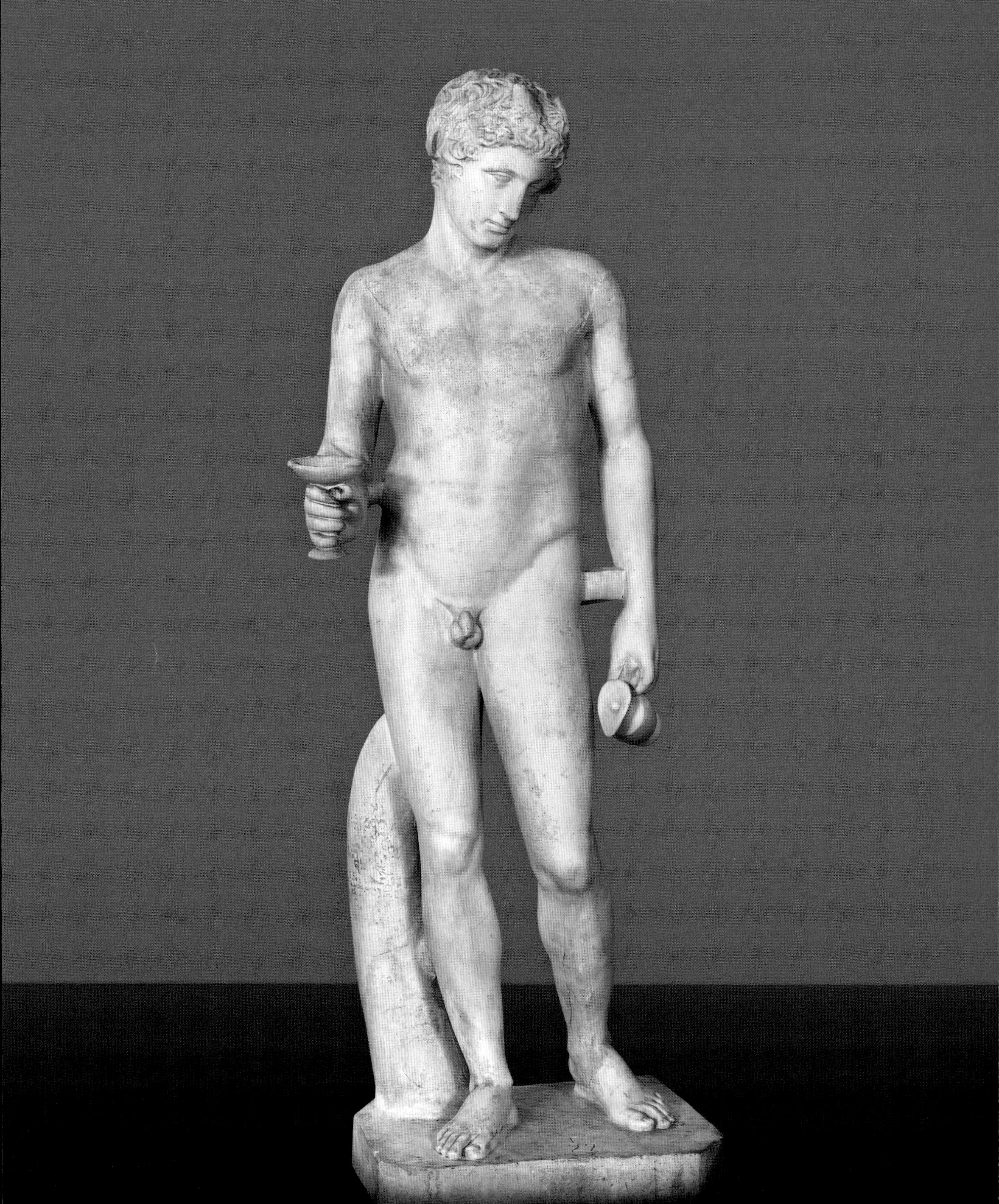

13

Statue des Paniskos

Der auch als *Pan Typus Leiden* bezeichnete polykletische *Paniskos* ist die einzige als Einzelfigur konzipierte Darstellung dieses Gottes, die sich in der Antike einer enormen Beliebtheit erfreut hat (Abb. 1).[206] Ihre Größe von knapp 1,10 m eignete sich bestens für verschiedene private Aufstellungskontexte, und ein kleiner Pan ließ sich außerdem gut mit Statuen von Satyrn, Mänaden und Silenen kombinieren. In antiken Texten hat das Werk anscheinend keine Erwähnung gefunden, und es bleibt daher unklar, wer Polyklet den Auftrag zur Schöpfung der Statue erteilt hat und wo das Original zur Aufstellung gelangt ist.

Im Standmotiv und in der Kopfhaltung steht der *Paniskos*, der eine Syrinx in der linken Hand gehalten haben dürfte, dem *Dresdner Knaben* derartig nahe, dass man bei der Beurteilung einiger Torsi beide Typen sogar miteinander verwechselt hat.[207] Auch in der Frisur besteht, wie nicht anders zu erwarten, eine große Ähnlichkeit zwischen diesen beiden Werken. Ersichtlich ist dies beispielsweise im Bereich der rechten Schläfe. Die Unterschiede sind vor allem darauf zurückzuführen, dass Polyklet beim *Paniskos* die animalische Seite dieser Gottheit zum Ausdruck gebracht hat, und zwar durch die Ausstattung mit Tierohren und Bockshörnern. Damit die ziemlich weit oben sitzenden Tierohren als solche erkennbar waren, musste Polyklet an dieser Stelle auf ein typisches Element seiner Haargestaltung verzichten, nämlich die Überschneidung der Ohren durch einzelne Strähnenkompartimente. Außerdem verhinderten die Bockshörner den für Polyklets Œuvre charakteristischen Aufbau der Frisur. Diese nimmt zwar von der Kalotte ihren Ausgang, setzt sich von dort aber nicht bis zur Stirn fort. Polyklet entschied sich vielmehr für eine Gestaltung des Stirnhaars, die deutlich von derjenigen seiner übrigen Skulpturen abweicht: Das ziemlich tief ansetzende Stirnhaar ist, wie man gut bei der Betrachtung einer gegenwärtig verschollenen und einer Replik in Wilton House (Wiltshire) erkennen kann (Abb. 3),[208] aus der Stirn nach oben bzw. hinten bewegt, was an Myrons *Marsyas*, aber ebenso an Werke des 4. Jhs. v. Chr. erinnert.[209] Dem Bildhauer der Wiener Kopfreplik, die hier im Abguss abgebildet ist (Abb. 4),[210] war dies anscheinend nicht polykletisch genug. Er hat über der Stirnmitte einige kleine, bei den übrigen Repliken nicht vorhandene Strähnen interpoliert, die in die Stirn hineinfallen. Wegen des Vorhandenseins von

◂ Abb. 1 Kerdon: Kopie des polykletischen *Paniskos*
Marmor, 1. Jh. v. Chr.
London, British Museum
(hier im Dresdner Abguss: Inv. ASN 2559)

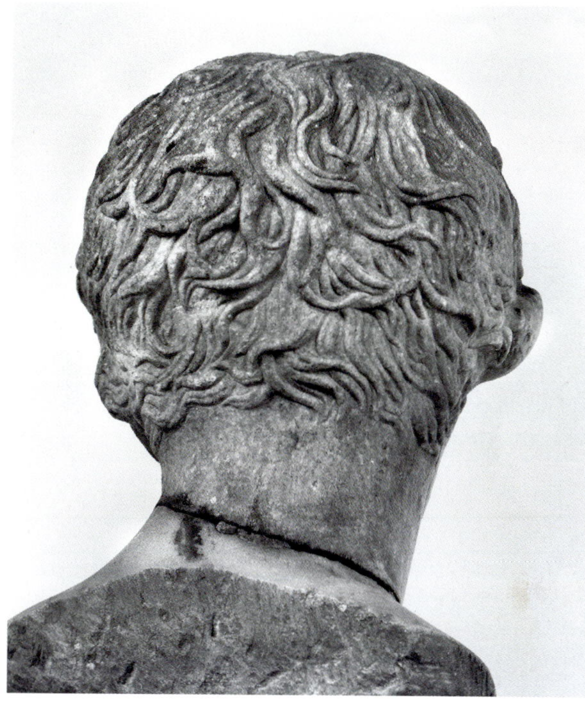

Abb. 2 Unbekannter Bildhauer:
Kopf einer Kopie des polykletischen *Paniskos*
Marmor, spätes 1. Jh. n. Chr.
Wilton House, East Cloister

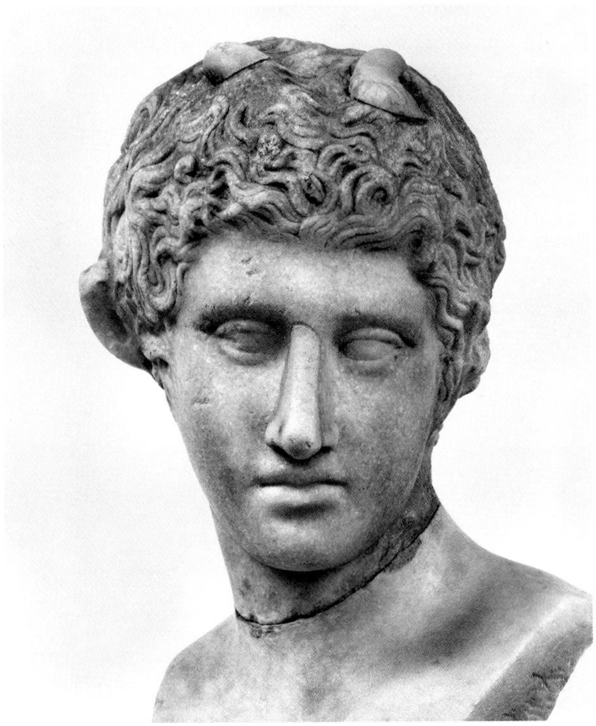

Abb. 3 Unbekannter Bildhauer:
Kopf einer Kopie des polykletischen *Paniskos*
Marmor, spätes 1. Jh. n. Chr.
Wilton House, East Cloister

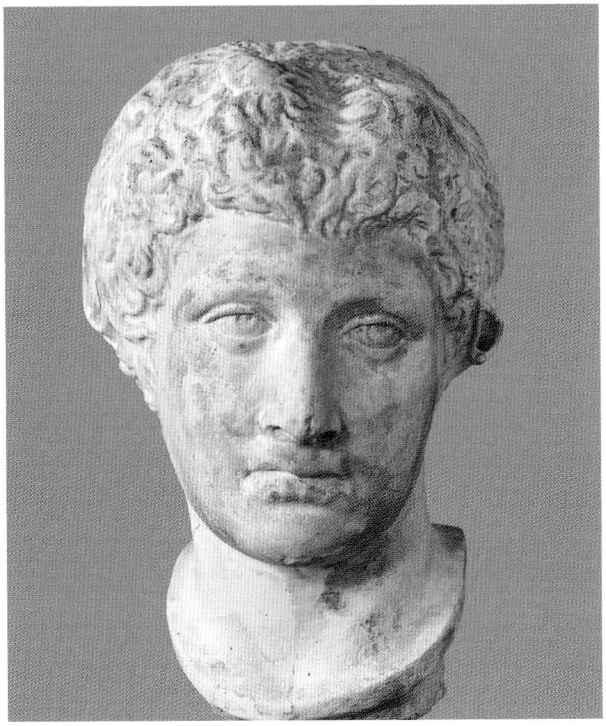

Abb. 4 Unbekannter Bildhauer:
Kopf einer Kopie des polykletischen *Paniskos*
Marmor, 2. Jh. n. Chr.
Wien, Kunsthistorisches Museum
(hier im Dresdner Abguss: Inv. ASN 3129)

Tierohren und Bockshörnern gibt beim *Paniskos* vor allem die Rückseite des Kopfes eine gute Vorstellung von der spektakulären Qualität polykletischer Haargestaltung. Am besten lässt sich dies bei einer Betrachtung der exzellenten Kopie in Wilton House nachvollziehen (Abb. 2).

Der Vergleich der Disposition des Haupthaars mit derjenigen des *Dresdner Knaben* (Kat. 12) erlaubt keine Entscheidung in der Frage, welches Werk das frühere von beiden ist. Man wird den *Paniskos* in jedem Fall der gleichen Schaffensperiode Polyklets, also der Zeit kurz vor oder um 420 v. Chr., zuweisen dürfen.[211]

Ebenso wie bei anderen Werken Polyklets findet die große Beliebtheit des statuarischen Typus ihren Niederschlag darin, dass Abgüsse des Originals, die in vergleichsweise vielen Bildhauerwerkstätten vorhanden gewesen sein müssen, auch für die Herstellung von Umdeutungen Verwendung gefunden haben. Sicher mehrere Hundert Male dürfte der *Paniskos* beispielsweise als Dionysos bzw. Bacchus umgedeutet worden sein, wenngleich der kindliche Körper des Pan für Darstellungen dieses Gottes eigentlich fast etwas zu muskulös ist. Umdeutungen als Bacchus gibt es unter anderem in Dessau,[212] Florenz,[213] Madrid,[214] Mantua,[215] Paris[216] und in Privatbesitz[217] sowie im Palazzo Lancellotti in Rom.[218] Der im 2. Jh. n. Chr. geschaffene Dresdner *Bacchus* (Abb. 6) konnte erst im Jahr 2007 als

▶ Abb. 5 Unbekannter Bildhauer:
Umdeutung des polykletischen *Paniskos* als *Bacchus*
Marmor, 2. Jh. n. Chr.
Dresden, Skulpturensammlung, Inv. Hm 98
(hier im Stich aus Leplats *Recueil*, 1733, Taf. 37)

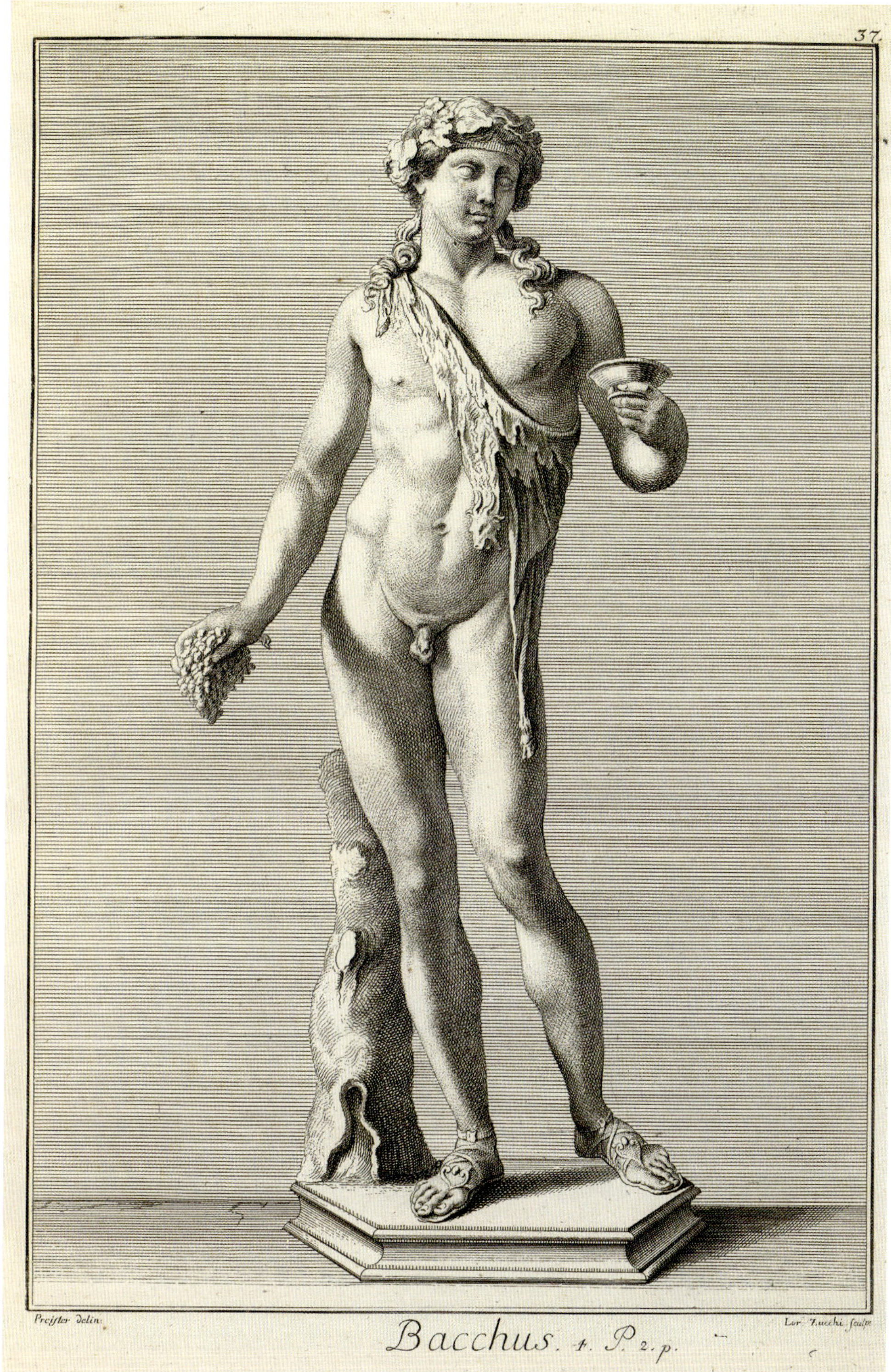
37.
Preister delin.
Bacchus. 4. P. 2. p.
Lor. Zucchi sculp.

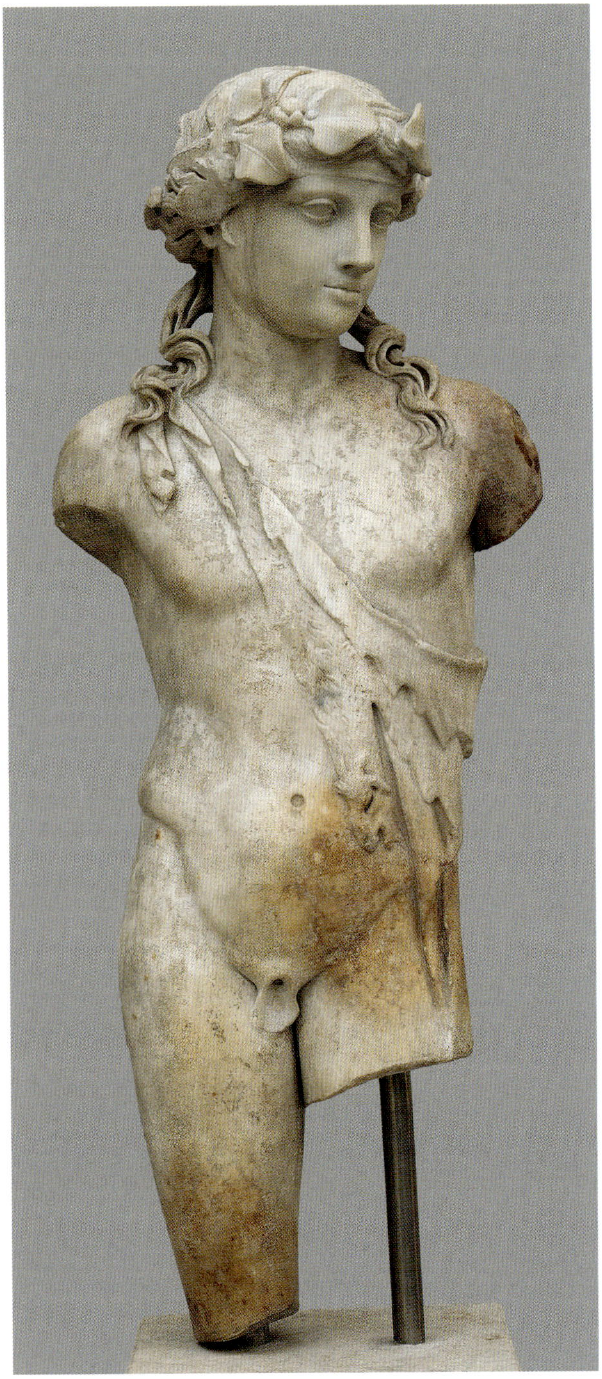

Abb. 6 Unbekannter Bildhauer:
Umdeutung des polykletischen *Paniskos* als *Bacchus*
Marmor, 2. Jh. n. Chr., mit neuzeitlich ergänztem Gesicht
Dresden, Skulpturensammlung, Inv. Hm 98

Umdeutung des *Paniskos* bestimmt werden.[219] Die zwischen dieser Skulptur und dem *Paniskos* bestehende Ähnlichkeit war freilich auch schon Furtwängler aufgefallen. Sie hatte ihn allerdings dazu gebracht, anzunehmen, dass der *Bacchus* auf ein Original »aus der Schule Polyklet's« zurückgehe, das vom *Paniskos* unterschieden werden müsse.[220]

Da sich die Kurzhaarfrisur des *Paniskos* nicht für Darstellungen des Bacchus eignete, war der Bildhauer der Dresdner Figur ebenso wie die Hersteller der übrigen Bacchus-Umdeutungen gezwungen, bei der Gestaltung der Frisur vom Vorbild abzuweichen. Die vom Kopf erhaltene Partie gibt zu erkennen, dass er die Kurzhaarfrisur durch langes Haar ersetzt hat, das über der Stirn einen Mittelscheitel gebildet haben wird. Dass es wie beim Kopf in Mantua eine Haarbinde gab, die im Bereich der Stirn zu sehen war – der im 17. Jahrhundert tätige Ergänzer der Dresdner Figur hat in Kenntnis anderer Köpfe des Dionysos eine solche angegeben –, lässt sich dem Befund nicht entnehmen. Das Haar ist, wie bei Bacchus üblich, mit einem Kranz aus Efeuzweigen geschmückt. Vom Vorbild ist der Bildhauer der Dresdner Skulptur auch dadurch abgewichen, dass er den Kopf etwas weiter aufgerichtet und dem Gott das Fell eines jungen Ziegenbocks umgelegt hat, dessen Kopf merkwürdig klein gebildet ist. Im Rahmen einer 1662 erfolgten Restaurierung hat der römische Bildhauer Baldassare Mari den fragmentarisch erhaltenen *Bacchus* vervollständigt, wovon die Abbildung in Leplats *Recueil* eine Vorstellung gibt (Abb. 5). Während Mari das ursprüngliche Standmotiv des *Bacchus* gut erfasst zu haben scheint, ist ihm der vordere Teil des Kopfes etwas zu klein geraten.

Außer den Umdeutungen als Bacchus umfasst die Überlieferung des *Paniskos* auch noch eine weitere gängige Form der Umdeutung, diejenige als Hermes bzw. Mercurius (Merkur). Ein *Hermes* im Typus des *Paniskos*, der im Museum von Algier aufbewahrt wird, verdient es, erwähnt zu werden: Sein Bildhauer hat im Zusammenhang mit der thematischen Änderung zusätzlich das Alter modifiziert, indem er die Figur mit Schamhaar versehen hat.[221]

Noch ausgefallener als die Standard-Umdeutungen sind die folgenden drei: Statuen in Rom[222] und in Paris zeigen das polykletische Werk als *Satyr* mit Weinschlauch bzw. als Knaben mit langen Locken, einer nicht genau zu bestimmenden, zum Teil neuzeitlich ergänzten Kopf-

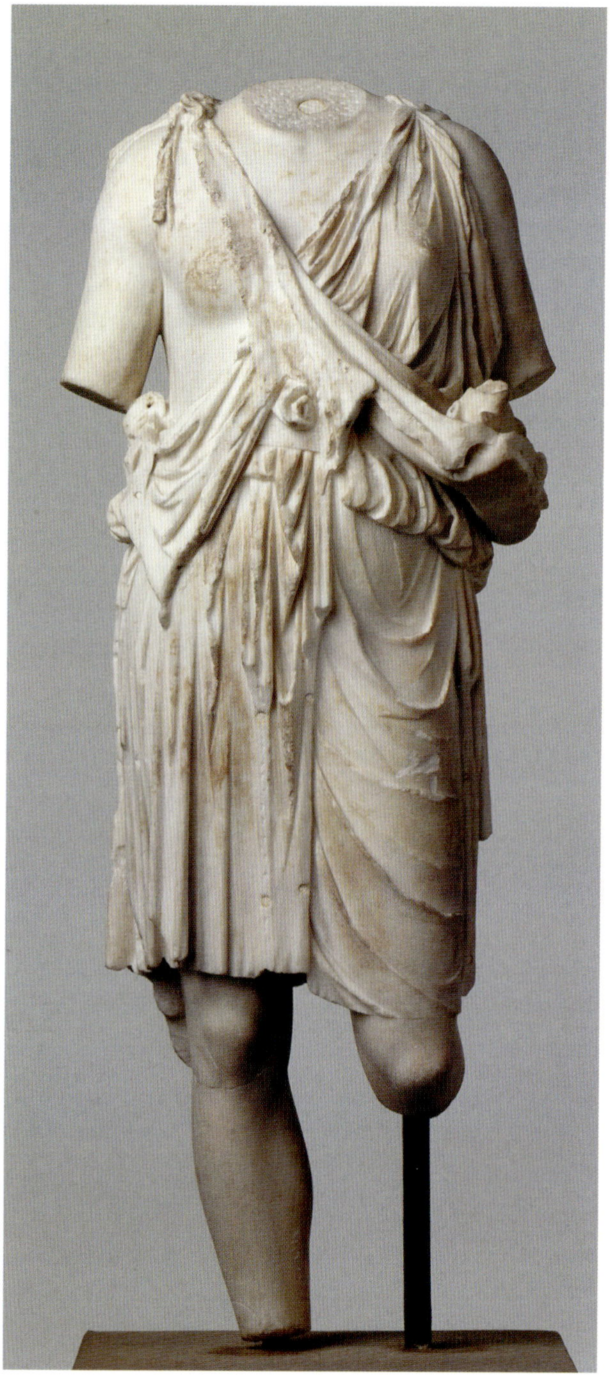

Abb. 7 Unbekannter Bildhauer:
Umdeutung des polykletischen *Paniskos* als Nymphe
Marmor, um Christi Geburt
Dresden, Skulpturensammlung, Inv. Hm 175

bedeckung und mit einem in beiden Händen gehaltenen Schwan.[223] Der Bildhauer der dritten Umdeutung hat den kleinen Pan in *Eros* verwandelt und mit einer kunstvoll arrangierten Frisur ausgestattet, für die eine Statue des Eros bzw. der Abguss einer solchen Pate gestanden haben könnte.[224]

Die wohl ungewöhnlichste Umdeutung des *Paniskos* führt uns zurück nach Dresden. Im Jahr 1728 hat August der Starke eine »Bacchantin« angekauft, die im 17. Jahrhundert, in der Sammlung von Flavio Chigi, zusammen mit der bereits besprochenen Umdeutung als Bacchus ein Paar bildete (Abb. 7).[225] Auch wenn die ›Paarbildung‹ nur das mehr oder minder zufällige Resultat der Zusammenstellung zweier inhaltlich verwandter, aber nicht zur gleichen Zeit geschaffener Werke ist, kann man sich doch vorstellen, dass es bereits in der römischen Kaiserzeit ein vergleichbares Ensemble gegeben hat. Denn ebenso wie der Schöpfer des *Bacchus* hat auch der rund 150 Jahre früher tätige Bildhauer der »Bacchantin« mit einem Abguss des *Paniskos* operiert. Mit dem polykletischen Werk stimmen jedenfalls außer der Größe auch sämtliche Haltungsmotive der »Bacchantin« überein: Der Kopf war – dies zeigt der etwas stärker hervortretende rechte Kopfwender – ursprünglich nach links gedreht, was auch der im 17. Jahrhundert tätige Ergänzer, Baldassare Mari, erkannt hat. Dem Vorbild entsprechend dürfte der rechte Arm gesenkt, der linke im Ellbogen angewinkelt gewesen sein, was Mari bei der Restaurierung gleichfalls berücksichtigt hat.[226] Zudem wird die Position des Spielbeinfußes, wie die Profilansicht des linken Knies zu erkennen gibt, mit derjenigen des *Paniskos* übereingestimmt haben. Die »Bacchantin« ist demnach eine Umdeutung des *Paniskos*, die vornehmlich im Geschlecht vom Vorbild abweicht. Weitere Unterschiede betreffen die Bekleidung: Die »Bacchantin« trägt einen Chiton und darüber das Fell eines Tieres, das nicht sicher zu bestimmen ist. Vom *Paniskos* hat sich mit Sicherheit außerdem der Kopf unterschieden, der vermutlich, in Analogie zu den Umdeutungen des *Paniskos* als *Bacchus*, mit einer Mittelscheitelfrisur versehen war. Es bleibt indes unsicher, ob die »Bacchantin« tatsächlich eine Figur aus dem Gefolge des Dionysos zeigte. Die Tatsache, dass sie ein erstaunlich kleines Rehkitz im Fell geborgen hält, passt jedenfalls nicht recht zum ausgelassenen Treiben der Wesen, die zum Umkreis des Weingottes gehören.

Anmerkungen

1 Platon, Protagoras 311c (Der Neue Overbeck, Nr. 1208).

2 Olympia, Altes Museum, Inv. 675. – Der Neue Overbeck, Nr. 1232; Florian Klauser, *Das Siegerstandbild des elischen* Fünfkämpfers *Pythokles im Wandel der Zeit*, in: Ralf von den Hoff, François Queyrel, Éric Perrin-Saminadayar (Hrsg.), *Eikones. Portraits en contexte*, Venosa 2016, S. 249–269; Ralf Krumeich, *Das Leben griechischer Porträtstatuen in den panhellenischen Heiligtümern von Olympia und Delphi*, in: François Queyrel, Ralf von den Hoff (Hrsg.), *Das Leben griechischer Porträts. Porträtstatuen des 5. bis 1. Jhs. v. Chr.*, Paris 2019, S. 242–244.

3 Plinius, Naturalis historia 34, 56 (Der Neue Overbeck, Nr. 1257): »proprium eius est, uno crure ut insisterent signa, excogitasse, […]«.

4 Vgl. dazu Borbein 1982, S. 235.

5 Cicero, Brutus 70 (Der Neue Overbeck, Nr. 1256).

6 Vgl. Plutarch, De audiendo 13 (Der Neue Overbeck, Nr. 1261): »[…] wie ja bei jedem Werk das Schöne gleichsam das Ergebnis vieler Zahlen ist, die infolge einer bestimmten Symmetrie und Harmonie zu einem Kairos (dem idealen Maß) zusammenkommen, das Hässliche aber […].«

7 Galen, De temperamentis 1, 9 (Der Neue Overbeck, Nr. 1241).

8 Galen, De placitis Hippocratis et Platonis 5, 3, 16 (Der Neue Overbeck, Nr. 1242).

9 Borbein 1982, S. 232.

10 Divina Commedia, Purgatorio, 10. Gesang, Vers 28–33; vgl. Zöllner 1990, S. 452.

11 Vgl. Zöllner 1990, S. 459.

12 Vgl. Jean-Marc Moret, *Les pierres gravées antiques représentant le rapt du Palladion*, Mainz 1997, S. 13–15, Kat. 8, Taf. 3.

13 Vgl. Zöllner 1990, S. 460; Erika Zwierlein-Diehl, *Antike Gemmen und ihr Nachleben*, Berlin 2007, S. 266–268. – Vgl. auch John Boardman, *The Marlborough Gems formerly at Blenheim Palace, Oxfordshire*, Oxford 2009, S. 97 zu Kat. 165.

14 Es handelt sich um einen Chalzedon aus augusteischer Zeit, der keine Signatur aufweist. Er ist im ausgehenden 15. Jahrhundert in den Besitz von Lorenzo de' Medici gelangt und heute verschollen. Vgl. Erika Zwierlein-Diehl, *Glaspasten im Martin-von-Wagner-Museum der Universität Würzburg*, Bd. I, München 1986, S. 24 mit Abb. 9; Moret a. O. S. 151–153, Kat. 231, Taf. 47.

15 Skulpturensammlung, Inv. ASN 5422 L 038.

16 Ehemals Rom, Sammlung Santacroce. – Bei Cavalieri findet sich außerdem auch, auf Taf. 97, ein seitenverkehrter Stich des *Diadumenos Farnese* (zu diesem vgl. unten), versehen mit der Beischrift: »Simulacrum incognitum in villa Margeritae de Austria [i. e. Margarethe von Parma, 1522–1586] Romae.«

17 Vgl. dazu Sascha Kansteiner (Hrsg.), *Ergänzungsprozesse*, Kolloquium Berlin 2011, Berlin 2013, S. 6, Taf. 1d. – Die Ergänzungen des Torsos sind im 19. Jahrhundert durch andere ersetzt worden.

18 Johann Joachim Winckelmann, *Geschichte der Kunst des Alterthums*, Dresden 1764, S. 335, Anm. 2. – Vgl. Plinius, Naturalis historia 34, 55 (Der Neue Overbeck, Nr. 1222).

19 London, British Museum, Smith Nr. 1756 (ehemals Sammlung Barberini); Johann Joachim Winckelmann, *Geschichte der Kunst des Alterthums*, 2. Aufl., Wien 1776, S. 654. – Römisch-kaiserzeitliche Kopie einer nicht mehr erhaltenen Gruppe aus hellenistischer Zeit.

20 Kopf und Körper des *Diskusträgers* sind bis heute miteinander verbunden (Vatikanische Museen, Inv. 767: Kreikenbom 1990, Kat. I 1, Taf. 1–5; Kansteiner 2016, S. 151 f., Abb. 1), Kopf und Körper des *Doryphoros* hingegen im Jahr 1912 getrennt worden (Kassel, Antikensammlung: Kreikenbom 1990, Kat. III 12, Taf. 136–137 und III 56, Taf. 195–196).

21 Der Neue Overbeck, Nr. 1210–1253.

22 Referiert von Plinius, Naturalis historia 34, 56 (Der Neue Overbeck, Nr. 1257).

23 Anti 1920.

24 Borbein 1982; Ernst Berger in: Rainer Vollkommer (Hrsg.), *Künstlerlexikon der Antike*, Bd. II, München 2004, S. 276–287, sub voce Polykleitos (I); Der Neue Overbeck, Bd. II, S. 512–514.

25 Kreikenbom 1990, S. 50 f.; Floren 1993; Dresden 2011, Kat. 132 (Stefanie Oehmke).

26 Hans Lauter, *Zur Chronologie römischer Kopien nach Originalen des V. Jahrh.*, Diss. Bonn 1966, S. 61 f., Taf. 1–2 und 76 f., Taf. 6a; Zanker 1974, S. 22; Dresden 2011, Kat. 163 (Christiane Vorster). – Dass der Körper des *Epheben Westmacott* in Castel Gandolfo von seinem Schöpfer mit einem Kopf des *Idolino* verbunden worden ist, haben bis 2008 alle, die sich mit dieser Statue beschäftigt haben, übersehen.

27 So z. B. Thuri Lorenz, *Polyklet*, Wiesbaden 1972, S. 29, Anm. 131; Kreikenbom 1990, Kat. II 13.

28 Alexander Conze, *Beiträge zur Geschichte der griechischen Plastik*, 2. Aufl., Halle 1869, S. 11; Paul Arndt, Text zu Einzelaufnahme Nr. 103 (1893).

29 Hans v. Steuben, *Der Kanon des Polyklet*, Tübingen 1973; Ernst Berger, *Der Entwurf des Künstlers*, Ausst.-Kat. Basel 1992, S. 40 f., 108–113.

30 Plinius, Naturalis historia 34, 56 (Der Neue Overbeck, Nr. 1228). Vgl. dazu Berger (unten Anm. 46) etc.

31 Pausanias 2, 17, 4 und 6, 6, 2.

32 Vgl. den Kommentar zu Der Neue Overbeck, Nr. 1210–1221; anders Lorenz 2007, S. 243 f.

33 Die Ausnahme ist Pausanias 6, 6, 2 (Der Neue Overbeck, Nr. 1351).

34 Vgl. dazu Der Neue Overbeck, Nr. 1345–1359 (Polyklet d. J.).

35 Kansteiner 2015, S. 133–147; Kansteiner 2021, S. 76–83.

36 Kansteiner 2016.

37 Vincenzo Franciosi, *Il »Doriforo« di Pompei*, in: Vincenzo Franciosi, Petros Themelis, *Pompei/Messene*, Neapel 2013, S. 21–32.

38 Der Bildhauer der Jahreszeiten ist in keinem Dokument erwähnt. Für Auskünfte zu den Bildhauern, die am

Skulpturenschmuck am Palais gearbeitet haben, danke ich Stefan Dürre (Dresden).

39 Die Statue des Herbstes ist im Zweiten Weltkrieg zerstört (erhalten ist der Kopf, dessen Höhe 30 cm beträgt: Depot der Skulpturensammlung, Inv. NI 089) und 1967/68 durch eine von Fritz Schlesinger auf der Grundlage historischer Fotos hergestellte Rekonstruktion ersetzt worden (freundlicher Hinweis S. Dürre).

40 Ioannes De Rubeis, *Villa Pamphilia eiusque palatium cum suis prospectibus*, Rom o. J. (zwischen 1655 und 1660), Taf. [6] (»Venator«); Kreikenbom 1990, Kat. III 38, Taf. 168; Sascha Kansteiner, *Der Hermes Typus Pitti-Lansdowne*, Archäologischer Anzeiger 2018/1, S. 221, Anm. 56. – Die Statue in der Villa Doria Pamphilj ist die späteste maßgleiche Kopie des *Doryphoros*.

41 Der Giebelskulptur der Ostseite, der Personifikation des *Sommers*, liegt Taf. [39] (»Venus«) derselben Publikation zugrunde, dem *Winter* der Nordseite Taf. [15] (»Senator«) und dem *Frühling* der Südseite Taf. [38] (»Flora«).

42 Außer der Statue in der Villa Doria Pamphilj ist eine Statue im Nationalmuseum in Neapel anzuführen (Inv. 6102), die gleichfalls einen Porträtkopf trägt. Vgl. Maria Paola Guidobaldi (Hrsg.), *Ercolano. Tre secoli di scoperte*, Ausst.-Kat. Neapel 2008, Kat. 46 mit Abb. (ohne Autor); Kansteiner 2015, S. 143–145.

43 Vom Polyklet-Saal, in dem sich zu Treus Zeit 34 antike Skulpturen (Inv. Hm 66 bis Inv. Hm 99) befanden und heute Büros von zwei Mitarbeitern der Skulpturensammlung untergebracht sind, ist mir kein Foto bekannt.

44 Ein viertes Stück, eine Kopfreplik des *Kyniskos* (Kat. 2), hat Treu im Jahr 1897 durch die Vermittlung des Archäologen Otto Benndorf, der aus Greiz im Vogtland stammte, aus Wiener Privatbesitz ankaufen können.

45 *Kyniskos* (Kat. 2), *Doryphoros* (Kat. 3), *Diadumenos* (Kat. 10), *Dresdner Knabe* (Kat. 12) und *Paniskos* (Kat. 13).

46 Spekulationen zu den Attributen findet man insbesondere bei Ernst Berger, *Der sogenannte Diskophoros: eine Theseusstatue (?) des Polyklet*, Quaderni ticinesi di numismatica e antichità classiche 11, 1982, S. 87–100.

47 Eine Ausnahme ist Furtwängler 1893, S. 495, der den Typus merkwürdigerweise später ansetzt als den *Doryphoros*.

48 Der Neue Overbeck, Bd. II, S. 513.

49 Kansteiner 2015, S. 154; Kansteiner 2016.

50 Furtwängler 1893, S. 493 f.

51 Skulpturensammlung, Inv. Hm 83 (magaziniert; Höhe vom Kinn bis zum Scheitel 23 cm); erste Hälfte des 1. Jhs. n. Chr. – Furtwängler 1893, S. 494 f. mit Anm. 1; Dresden 2011, Kat. 159 (Joachim Raeder).

52 Vatikanische Museen, Inv. 57086. – Eva Margareta Steinby, *La necropoli della Via Triumphalis*, Rom 2003, S. 117 f., Taf. 23, 2–3 (mit zutreffender typologischer Bestimmung).

53 Kansteiner 2016, S. 158 f., Abb. 4.

54 Wellesley College (Massachusetts). – Kreikenbom 1990, Kat. I 2, Taf. 6; Kansteiner 2016, S. 151 mit Abb. 5.

55 Der Neue Overbeck, Nr. 739–741.

56 Antonio Giuliano (Hrsg.), *Museo Nazionale Romano. Le Sculture*, Bd. I 1, Rom 1979, S. 59 f., Nr. 49 (Emanuela Paribeni); Federico Rausa, *L'immagine del vincitore*, Treviso 1994, S. 180 f., Nr. 6, Abb. 6–7; Mary Sturgeon, *Corinth*, Bd. IX 3, Princeton 2004, S. 114, Nr. 19, Taf. 32; Kansteiner 2016, S. 157.

57 Skulpturensammlung, Inv. Hm 70. – Dresden 2011, Kat. 173 (Christiane Vorster); die dort vertretene Beurteilung als Schöpfung der römischen Kaiserzeit überzeugt nicht.

58 Kansteiner 2016, S. 158 f., Abb. 6.

59 Hier ist z. B. ein zum Einsetzen in einen mit einer Chlamys (?) bekleideten Körper gearbeiteter Kopf in Kopenhagen anzuführen, vielleicht eine Umdeutung als Hermes; vgl. Kreikenbom 1990, Kat. I 35, Taf. 52–53; Kansteiner 2015, S. 156, Anm. 128.

60 Skulpturensammlung, Inv. ASN 2291; im Jahr 1892 als »polykletischer Bacchus aus Hadrians Villa« inventarisiert.

61 Rom, Palazzo Massimo, Inv. 622; ergänzt sind beide Unterschenkel samt linkem Fuß, Teilen der Plinthe und samt der Stütze. – Heinrich Brunn, Friedrich Bruckmann (Hrsg.), *Denkmäler griechischer und römischer Skulptur*, München 1888–1947, Taf. 738 f. (Johannes Sieveking); Lippold 1950, S. 261; Zanker 1974, S. 103, Taf. 77, 2; Joachim Raeder, *Die statuarische Ausstattung der Villa Hadriana bei Tivoli*, Frankfurt a. M. 1983, S. 68 f., Kat. I 51; S. 206–209, Taf. 2–4; Magdalene Söldner in: Bol 2010, S. 259 f., Abb. 335; Kansteiner 2016, S. 160 f., Abb. 7.

62 Höhe bis zum Scheitel 1,75 m; Höhe bis zum Gliedansatz 90,5 cm; Körperhöhe bis zum Gliedansatz 52,5 cm; Gesichtshöhe 18 cm.

63 Kreikenbom 1990, Kat. I 1, Taf. 1–5 (der Unterarm ist bei dieser Kopie zum Teil alt); beim Torso in Basel (Kreikenbom Kat. I 4) sitzt der Steg höher.

64 Der *Dionysos* muss repariert worden sein. Da der Puntello am rechten Becken unmöglich zum Handgelenk des heute vorhandenen Arms geführt haben kann (ebenso wenig zu einem Kantharos), wird der rechte Unterarm, dessen Marmor demjenigen des modernen rechten Unterschenkels entspricht, samt Ellbogen worden ergänzt sein, was gut in der Seitenansicht (D-DAI-Rom-76.2002) zu erkennen ist.

65 Skulpturensammlung, Inv. Hm 96 (magaziniert); mittleres 2. Jh. n. Chr. – Dresden 2011, Kat. 149 (Joachim Raeder).

66 Der Neue Overbeck, Nr. 1230–1231.

67 Skulpturensammlung, Inv. ASN 5042.

68 Zur zweistufigen Basis der Siegerstatue des Xenokles vgl. Der Neue Overbeck, Nr. 1357.

69 Vgl. Karl Purgold, *Die Ausgrabungen von Olympia. Inschriften aus Olympia*, Archäologische Zeitung 40, 1882, Sp. 192; Text und Skulptur 2007, S. 62.

70 British Museum, Smith Nr. 1754 (Abguss in Dresden: Skulpturensammlung, Inv. ASN 2675).

71 Christiane Vorster in: Dresden 2011, S. 697.

72 Vgl. Anti 1920, Sp. 730, Abb. 86; Floren 1992, S. 139, Anm. 59; Stephan Lehmann, *Der Thermenherrscher und die Fußspuren der Attaliden*, Nürnberger Blätter zur Archäologie 13, 1996/97, S. 118–120 mit Zeichnung.

73 Maxime Collignon, *Histoire de la sculpture grecque*, Bd. I, Paris 1892, S. 499. Vgl. Anti 1920, Sp. 600 (»l'identificazione si può ritenere cosa sicura«); German Hafner, *Zum Epheben Westmacott*, Heidelberg 1955, S. 21 f.; Paolo Enrico Arias, *Policleto*, Florenz 1964, S. 18–21;

Enciclopedia dell'arte antica, Bd. VI (1965), S. 268, sub voce Policleto (Luigi Beschi); Floren 1992, S. 139; Text und Skulptur 2007, S. 62 f.

74 Skulpturensammlung, Inv. Hm 85; im Jahr 1897 erworben. – Dresden 2011, Kat. 163 (Christiane Vorster).

75 In der Oberseite der Basis für eine weitere polykletische Siegerstatue, diejenige des Olympiasiegers Pythokles (Der Neue Overbeck, Nr. 1232–1233), gibt es Einlassungen für mehrere Statuen, vielleicht deshalb, weil das polykletische Werk nach Rom verschleppt und durch eine andere Statue ersetzt worden ist. Emanuel Löwy, *Die Siegerstatue des Eleers Pythokles*, Wiener Studien 24, 1902, S. 400 mit Abb. 2 weist darauf hin, dass die Einlassungen in der Oberseite der römischen Pythokles-Basis sekundär seien. Die polykletische Statue denkt er sich auf einer gesondert gearbeiteten Plinthe.

76 Mailand, Museo archeologico, Inv. A 1412; Oxford, Ashmolean Museum, Inv. 1947.438. – Keine Umdeutung des *Epheben Westmacott* ist die Kopfreplik auf nicht zugehöriger Umdeutung des Stephanos-Athleten als Merkur (mit Chlamys) im Vatikan (Inv. 1373), da der Petasos in diesem Fall zur Gänze neu ist; neu sind auch der raffiniert eingesetzte Hals, was ohne Zuhilfenahme einer Leiter nicht zu erkennen ist, sowie das Untergesicht. Vgl. Furtwängler 1893, S. 506, Anm. 4; Kansteiner 2015, S. 154, Anm. 125.

77 Skulpturensammlung, Inv. ASN 2403. Zur Skulptur im Museo Barracco, deren Datierung umstritten ist, siehe Zanker 1974, S. 22 f. mit mehreren Abb.

78 Vgl. auch unten Kat. 11 (Bildnisträgerkopien des *Narkissos*).

79 Nur bei der Replik im Quirinalspalast, die seit dem 16. Jahrhundert bekannt ist, ist die rechte Hand nach Autopsie zumindest zum Teil erhalten (die Finger fehlen); zum Erhaltungszustand dieser Replik siehe Maria Lauro in: *Restauri al Quirinale*, Rom 1999, S. 379 f. mit zahlreichen Abb.

80 Magdalene Söldner, *Der Eros von Mahdia*, in: Antike Plastik, Bd. 26, München 1998, S. 61–70 (zum Motiv der rechten Hand siehe ebd., S. 69).

81 Fitzwilliam Museum, Inv. GR.3.1948. – Abguss in Dresden, Skulpturensammlung, Inv. ASN 2446.

82 Zum Pasticcio aus *Ephebe Westmacott* und Kopf des *Idolino*, das zwischen 1930 und 1932 in der Domitiansvilla in Castel Gandolfo zutage getreten ist, vgl. unten.

83 Hans v. Steuben in: Wolfgang Helbig, *Führer durch die öffentlichen Sammlungen klassischer Altertümer in Rom*, 4. Aufl., Bd. II, Tübingen 1966, Nr. 1895. – Vgl. auch Detlev Kreikenbom in: Bol 2004, S. 244 und 245: »malerische Körperwiedergabe [...] Beide Male [sc. beim *Dresdner Knaben* und beim *Epheben Westmacott*] biegt der Rumpf hinüber auf die Spielbeinseite, [...]«.

84 Zanker 1974, S. 19; ähnlich Ernst Berger, *Zum von Plinius (N. H. 34, 55) überlieferten »Nudus talo incessens« des Polyklet*, Antike Kunst 21, 1978, S. 59; Vierneisel-Schlörb 1979, S. 76, Anm. 8 (440er-Jahre); Lorenz 1993, S. 10: »statuarischer Aufbau setzt den des Doryphoros voraus«.

85 Archäologischer Anzeiger 1919, Sp. 136 (Bericht von der Sitzung der Archäologischen Gesellschaft zu Berlin am 4. 11. 1919).

86 Furtwängler 1893, S. 458.

87 Carl Robert, *Die Ordnung der Olympischen Spiele und die Sieger der 75.–83. Olympiade*, Hermes 35, 1900, S. 186; vgl. Anti 1920, Sp. 652 f. (statt »Hermes, XXXVI« lies: Hermes, XXXV).

88 Bei der Besprechung der Bildnisträgerreplik im Museo Barracco (in: Wolfgang Helbig, *Führer durch die öffentlichen Sammlungen klassischer Altertümer in Rom*, 3. Aufl., Leipzig 1912, Bd. I, Nr. 1083) äußert sich Amelung nicht zur Datierung des *Epheben Westmacott*. Die Skulptur im Museo Barracco hält er irrtümlich für eine »attische Umwandlung« der polykletischen Schöpfung.

89 Walter-Herwig Schuchhardt, *Die Kunst der Griechen*, Berlin 1940, S. 262 f. (um 410 v. Chr.); Ludger Alscher, *Griechische Plastik*, Bd. III, Ost-Berlin 1956, S. 15 (»vermutlich nach einem Bronzeoriginal aus der Schule Polyklets«).

90 Aufschlussreich ist, dass Protzmann im Jahr 1994 erstmals eine Teilabbildung der Rekonstruktion vorgelegt, aber weder Florens 1992 publizierte Stellungnahme zur Kenntnis genommen, noch sich für die Frage der Zusammengehörigkeit von Basis und statuarischem Typus interessiert hat (*Das Albertinum vor 100 Jahren – die Skulpturensammlung Georg Treus*, Ausst.-Kat. Dresden 1994, S. 25 f.).

91 Skulpturensammlung, Inv. Hm 84. – Die barockzeitlichen Ergänzungen des Torsos sind vor einigen Jahren an einen Abguss des Torsos angefügt worden und seit 2020 im Semperbau ausgestellt.

92 Lipsius 1798, S. 356.

93 Florenz, Uffizien, Inv. 1914.338 (Abguss in Dresden: Skulpturensammlung, Inv. ASN 3055). – Johann Joachim Winckelmann, *Geschichte der Kunst des Alterthums*. Katalog der antiken Denkmäler, hrsg. v. Adolf Borbein et al., Mainz 2006, Nr. 453.

94 Vgl. Lipsius und Inventar 1765, Bl. 7v, Nr. 34: »Ein stehend nackender Alexander Magnus, welcher etwas in die Höhe siehet, die Rechte erhoben hält, als zeige er in die Höhe, [...].«

95 Skulpturensammlung, Inv. Hm 86. – Dresden 2011, Kat. 162 (Christiane Vorster).

96 Lipsius 1798, S. 249.

97 Die hier abgebildete Kopie, eine der besten erhaltenen, ist in der frühen römischen Kaiserzeit angefertigt worden und befindet sich seit 1986 im Minneapolis Institute of Arts (Inv. 86.6); vgl. Kreikenbom 1990, Kat. III 1, Taf. 104–107.

98 Galen, De placitis Hippocratis et Platonis 5, 3, 16 (Der Neue Overbeck, Nr. 1242); vgl. oben S. 19.

99 Vgl. dazu Lorenz 1993, S. 8–10.

100 *Der Doryphoros des Polyklet*, 23. Programm zum Winckelmannsfest der Archäologischen Gesellschaft zu Berlin, Berlin 1863, S. 3–9. In dieser Schrift hat Friederichs auch eine berühmte Statue des Hermes aus hochklassischer Zeit, den *Hermes Typus Ludovisi*, konstituieren können (S. 5). – Schon einige Jahre zuvor war Friederichs eine ähnlich bahnbrechende Entdeckung geglückt, als er zwei Skulpturen im Real Museo Borbonico in Neapel als Kopien der von Kritios und Nesiotes geschaffenen *Tyrannenmörder-Gruppe* identifizieren konnte, die im Jahr 477/76 v. Chr. in

Athen zur Aufstellung gelangt ist: Karl Friederichs, *Harmodios und Aristogeiton, eine Gruppe des Kritios*, Archäologische Zeitung 17, Juli 1859, Sp. 65–72; Der Neue Overbeck, Nr. 558–562.

101 Neuerdings hat sich Cornelius Vollmer für eine Deutung des *Doryphoros* als Personifikation des Demos ausgesprochen, der ein Zepter in der linken Hand gehalten habe: *Eine Allegorie der Demokratie? Zur Benennung des polykletischen Doryphoros*, Mitteilungen des Deutschen Archäologischen Instituts (Athenische Abteilung) 129/30, 2014/15, S. 126–144.

102 Hermann Hettner, *Die Bildwerke der Königlichen Antikensammlung zu Dresden*, 4. Aufl., Dresden 1881, S. 82, Nr. 90.

103 Vgl. Furtwängler 1893, S. 341, Anm. 1 zu S. 340 (»offenbar polykletisch«). – Andere frühe Stiche von Köpfen des *Doryphoros* scheint es kaum zu geben.

104 Vatikanische Museen, Inv. 1576. – Zum Kopf vgl. Kreikenbom 1990, Kat. III 46, Taf. 181 b, 182; zur Statue siehe Bernard Andreae (Hrsg.), *Bildkatalog der Skulpturen des Vatikanischen Museums*, Bd. I: *Museo Chiaramonti*, Berlin 1995, Taf. 681–684; Sascha Kansteiner, *Pacetti als Schöpfer von Zweifigurengruppen*, in: Angela Cipriani et al. (Hrsg.), *Vincenzo Pacetti, Roma, l'Europa all'epoca del Grand Tour*, Kolloquium Rom 2013, Rom 2018, S. 375.

105 Vgl. Carlo Gasparri, Olivia Ghiandoni, *Lo studio Cavaceppi e le collezioni Torlonia*, Rivista dell'Istituto Nazionale d'archeologia e storia dell'arte 16, 1993, S. 257–291 (»Libro delle sculture della collezione Cavaceppi che sono in società delli Signori Marchese Torlonia, Vincenzo Pacetti e Giuseppe Valadier«). Im Nachlass-Inventar gibt es z. B. ein »Busto di giovane di marmo«, mit dem die Kopfreplik des *Doryphoros* gemeint sein könnte.

106 Im rechten Profil erkennt man im Halsbereich deutlich eine Schnittkante. Da der Hals an dieser Stelle nicht an den Körper anpasst – es gibt einen großen Gipsflicken –, muss die Schnittkante von der Erstergänzung des Kopfes herrühren.

107 Skulpturensammlung, Inv. ASN 2700.

108 Skulpturensammlung, Inv. ASN 2379. – Rolf Johannsen, *Vorbild Antike. Die Abgusssammlung des Anton Raphael Mengs*, Dresden 2020, Kat. 22.

109 Madrid, Museo del Prado, Inv. E 28. – Wilfred Geominy in: Bol 2004, S. 296; Kansteiner 2017, S. 77.

110 Die richtige typologische Bestimmung des Kopfes findet sich erstmals bei Georg Lippold, *Zur Arbeitsweise römischer Kopisten*, Mitteilungen des Deutschen Archäologischen Instituts (Römische Abteilung) 32, 1917, S. 103.

111 Skulpturensammlung, Inv. ASN 3051. – Zur Bronzeherme (Neapel, Museo archeologico, Inv. 4885), deren Augen gesondert gearbeitet waren und heute ergänzt sind, siehe Kreikenbom 1990, Kat. III 42, Taf. 172–175; Der Neue Overbeck, Nr. 4068.

112 Bezeugt sind außer Apollonios auch noch Kerdon, der zwei Repliken des Paniskos, sowie Sosikles, der eine Replik der Amazone des nach ihm benannten Typus (Kat. 7) hergestellt hat; vgl. Der Neue Overbeck, Nr. 3745–3746 und Nr. 4236.

113 Ermitage, Inv. A 292. – Kreikenbom 1990, Kat. III 44, Taf. 178–179.

114 Florenz, Museo archeologico, Inv. 1637. – Kansteiner 2008, S. 71 f., Abb. 7; Jens Daehner, Kenneth Lapatin (Hrsg.), *Power and Pathos*, Ausst.-Kat. Florenz 2015, S. 298 f. (Mario Iozzo).

115 Skulpturensammlung, Inv. ASN 2346. – Zu den Mengs'schen Abgüssen vgl. jetzt Johannsen a. O. (Anm. 108).

116 Vgl. Kansteiner 2008, S. 71; Iozzo a. O. – Am Dresdner Abguss kann man gut erkennen, dass der Übergang vom linken Knie zum Unterschenkel keinen überzeugenden Eindruck hinterlässt.

117 Archäologischer Anzeiger 1921, Sp. 262 (Bericht von der Sitzung der Archäologischen Gesellschaft zu Berlin am 11. 4. 1921).

118 Vatikanische Museen, Inv. 10134. – Polyklet 1990, S. 648 f., Nr. 179 (Detlev Kreikenbom); Christiane Vorster, *Museo Gregoriano Profano ex Lateranense. Katalog der Skulpturen*, Bd. II 1, Mainz 1993, Kat. 13.

119 Johann Joachim Winckelmann, *Geschichte der Kunst des Alterthums*, Dresden 1764, S. 255. – Erwähnt wird der Kopf von Winckelmann auch in der Schrift, die *Monumenti antichi inediti* (Rom 1767) betitelt ist (Trattato preliminare, S. 81).

120 Andreas Rumpf, *Der Idolino*, La critica d'arte 19–20, 1939, S. 17–27.

121 Michaela Fuchs, *In hoc etiam genere Graeciae nihil cedamus*, Mainz 1999, S. 65 Taf. 60; Kansteiner 2008, S. 69 f. – Die Haarwiedergabe ist derjenigen der ebenfalls in Castel Gandolfo gefundenen Repliken des *Einschenkenden Satyrn* (Dresden, Skulpturensammlung, Inv. Hm 100 und Hm 102) derartig ähnlich, dass von einer zeitgleichen Entstehung während der Regierungszeit Kaiser Domitians auszugehen ist.

122 Furtwängler 1893, S. 464–466 mit Abb. 77; Lippold 1950, S. 165; Joachim Raeder, *Die antiken Skulpturen in Petworth House*, Mainz 2000, Kat. 23. – Höhe bis zum Scheitel 1,67 m; Höhe bis zum Gliedansatz 86,7 cm; Kopfhöhe vom Kinn bis zum Scheitel 21 cm. Der Kopf passt Bruch an Bruch an den Körper an; die Baumstammstütze am Standbein ist nach Autopsie weitestgehend antik.

123 Floren 1993, S. 62 f., Abb. 2; Kansteiner 2015, S. 140–142, Abb. 5.

124 Die in Perinth gefundene Kopfreplik dieses Typus ist in der Dresdner Antikenhalle ausgestellt: Skulpturensammlung, Inv. Hm 73. – Die exzellente Kopfreplik aus der Sammlung des Numismatikers und Kunsthändlers Jacob Hirsch befindet sich seit 2017 im Royal Ontario Museum in Toronto. Eine unpublizierte Torsoreplik, die wahrscheinlich im 17. Jahrhundert ergänzt worden ist, kenne ich nur aus einer Abbildung; sie stand 1985 in der Pariser Galerie von Charles Ratton und Guy Ladrière zum Verkauf (Histoire et archéologie. Les dossiers, Nr. 94, Mai 1985, Abb. auf der Rückseite).

125 Vgl. Kansteiner 2015, S. 148–152 mit Abb.

126 Skulpturensammlung, Inv. ASN 1755. – Kreikenbom 1990, Kat. II 8, Taf. 82–83.

127 Florenz, Skulpturendepot im Giardino di Boboli. – Floren 1993, S. 59–61, Abb. 1; Kansteiner 2015, S. 133–135, 139 mit Abb. 1.

128 Einzelaufnahme Nr. 103; vgl. dazu Kansteiner 2015, S. 133.

129 Georg Treu, Archäologischer Anzeiger 1889, S. 57 (Referat eines Vortrags). – Zur Kopfreplik in der Ermitage vgl. Kreikenbom 1990, Kat. II 10, Taf. 86, 87 a.

130 Furtwängler 1893, S. 506, Anm. 2.

131 Johannes Sieveking, *Hermes des Polyklet*, Jahrbuch des Deutschen Archäologischen Instituts 24, 1909, S. 2 f.

132 Zu den übrigen Kopfrepliken vgl. Kansteiner 2015, S. 135–138.

133 Der statuarische Typus ist bislang nur ein einziges Mal besprochen worden: Kansteiner 2008, S. 65–68 mit Abb. – In der Erstpublikation der Statue in Samsun ist übersehen worden, dass sie auf ein Werk Polyklets zurückgeht: Havva Işkan, *Der bronzene Jüngling aus dem Schwarzen Meer*, in: Antike Plastik, Bd. 26, München 1998, S. 91–99.

134 Die beiden bislang bekannten Kopfrepliken des statuarischen Typus (Kansteiner 2008, S. 66 mit Abb. 4) stimmen mit der Bronze in Samsun in allen Details überein. Sie werden in der Centrale Montemartini in Rom (Inv. 2452) sowie im Musée du Louvre aufbewahrt (Inv. Ma 375). Beide Repliken zeigen auch genau die Haltung des Kopfes, die von der Statue in Samsun überliefert wird.

135 Aus den Armansätzen geht hervor, dass der linke Oberarm etwas weiter zurückgenommen war als der rechte.

136 Man vergleiche dagegen die Art und Weise, wie Polyklet das Schläfenhaar des *Diskophoros* (Kat. 1) gestaltet hat.

137 Arachne Nr. 6559 (Fotos aus dem Jahr 1962); die Körperhöhe beträgt 43 cm (vom Gliedansatz bis zur Halsgrube).

138 Zur Replik im Palazzo Barberini, einem antiken Pasticcio aus *Ephebe Typus Westmacott* und *Ephebe Typus Samsun*, vgl. Einzelaufnahme Nr. 2886; Kansteiner 2008, S. 66 f., Abb. 2.

139 Millesgården Museum. – Zanker 1974, S. 38, Nr. 35 mit etlichen Abb.; Polyklet 1990, S. 647 f., Nr. 178 (Caterina Maderna-Lauter).

140 Plinius, Naturalis historia 34, 53 (Der Neue Overbeck, Nr. 1229).

141 Museo Capitolino, Inv. 651 (Abguss in Dresden: Skulpturensammlung, Inv. ASN 2639; unpubliziert). – Der Neue Overbeck, Nr. 4236.

142 Zur Identifizierung der *Amazone Typus Sosikles* mit der *Amazone* des Polyklet siehe Franz Studniczka, *Kalamis*, Leipzig 1907, S. 80; Lippold 1950, S. 171; Vierneisel-Schlörb 1979, S. 167; Floren 1992, S. 120 f.; Lorenz 1993, S. 15; Hans v. Steuben, *Die Amazone des Polyklet*, in: Polykletforschungen 1993, S. 73–102; Bernhard Schmaltz, *Zu den ephesischen Amazonen*, Archäologischer Anzeiger 1995, S. 335–339; Werner Gauer, *Der Zorn des Zeus und die klassische Kunst der Griechen*, Mainz 2012, S. 30 f.

143 Vgl. dazu jetzt Kyoko Sengoku-Haga et al., *Polykleitos' works »from one model«*, in: András Patay-Horváth (Hrsg.), *New Approaches to the Temple of Zeus at Olympia*, Seminar Budapest 2014, Newcastle 2015, S. 212 f.

144 Vgl. dazu bereits Botho Graef, *Die Amazonenstatuen des Kresilas und Polyklet*, Jahrbuch des Deutschen Archäologischen Instituts 12, 1897, S. 81–86.

145 Vgl. Furtwängler 1893, S. 293–296, 449 f.; Renate Bol, Arachne Nr. 2206 (zur Replik der Amazone Typus Sciarra in Berlin).

146 Ermitage, Inv. A 324. – Furtwängler 1893, S. 291; Renate Bol, *Amazones Volneratae. Untersuchungen zu den Ephesischen Amazonenstatuen*, Mainz 1998, Kat. II. 30, Taf. 100–101.

147 Einer der drei Köpfe befindet sich in Neapel (Museo archeologico, Inv. 6362) und ist einer 1818 in Pompei entdeckten Statue der Concordia Augusta aufgesetzt. – Carlo Gasparri, *Sulla statua della* Concordia Augusta *nel Museo Nazionale di Napoli. Una postilla*, in: Luigi Cicala, Bianca Ferrara (Hrsg.), *»Kithon Lydios«. Studi di storia e archeologia con Giovanna Greco*, Neapel 2017, S. 869 f., Abb. 8–10.

148 Vgl. Kansteiner 2021, S. 88–90.

149 Skulpturensammlung, Inv. ASN 2037. – Zur Bronzebüste (Neapel, Museo archeologico, Inv. 5619) vgl. Kreikenbom 1990, Kat. IV 5, Taf. 218–220.

150 Skulpturensammlung, Inv. ASN 1850. – Zum Kopf in Rom (Centrale Montemartini, Inv. 1877) vgl. Kreikenbom 1990, Kat. IV 11, Taf. 230–232.

151 Kreikenbom 1990, Kat. IVa 1–5, Taf. 236–244.

152 Drei großformatige Torsi, die oft mit dem Typus in Verbindung gebracht worden sind, zeigen eine andere Armhaltung und passen auch in der Größe nicht zu den großformatigen Kopfrepliken (Kreikenbom 1990, Kat. IV 1–2 und Kat. IV 4, Taf. 210–211, 214–215, 216 b–217). Sie müssen zu einem anderen Typus gehören; vgl. Kansteiner 2021, S. 76–81.

153 Zu Paul Hartwig siehe Paul Wolters in: Botho Graef, Ernst Langlotz, *Die antiken Vasen von der Akropolis zu Athen*, Bd. I, Berlin 1925, Sp. III–IV.

154 Skulpturensammlung, Inv. Hm 93. – Dresden 2011, Kat. 143 (Christiane Vorster).

155 Rom, Palazzo Altemps, Inv. 8627. – Lippold 1950, S. 161; Kreikenbom 1990, Kat. I 27, Taf. 43–44.

156 Paul Arndt, Text zu Einzelaufnahme Nr. 184 (1893).

157 Paul Arndt und Georg Lippold, Text zu Einzelaufnahmen Nr. 2236/37 (1914); Kreikenbom 1990, Kat. IVa 8; Sotheby's London 3. 12. 2019, Nr. 28; Kansteiner 2021, S. 92, Appendix Nr. 9.

158 Rom, Centrale Montemartini, Inv. 1858 (ehemals Antiquarium del Celio). – Anti 1920, Sp. 578–582, Taf. 5; Domenico Mustilli, *Il Museo Mussolini*, Rom 1939, S. 135 f., Nr. 11, Taf. 81.

159 Zanker 1974, S. 37, Anm. 281 (»vielleicht Umbildung des Herakles«). Zankers merkwürdige Beurteilung ist vielleicht durch Lippolds Einschätzung beeinflusst (Lippold 1950, S. 167: »[…] wird man nicht mehr dem Meister selbst zuweisen«).

160 Skulpturensammlung, Inv. Hm 71. – Leplat 1733, Taf. 165, 5.

161 Die in grüner (und darüber in roter) Tinte vorgenommenen Zusätze zu den Stücken, die das *Interims-Inventarium* des Jahres 1742 auf Bl. 2r anführt, stammen vermutlich aus dem Jahr 1748.
162 Inventar 1765, Bl. 57 v–58 r, Nr. 120.
163 Lipsius 1798, S. 373.
164 Madrid, Museo del Prado, Inv. E 88. – Kreikenbom 1990, Kat. V 3, Taf. 253–257; ein Abguss dieser Replik konnte 1898 erworben werden: Skulpturensammlung, Inv. ASN 2641.
165 Susan Walker, *The sculpture gallery of Prince Livio Odescalchi*, Journal of the History of Collections 6, 1994, S. 197, Abb. 16 und 206, Nr. 71.
166 François Lenormant, *La Vénus de l'Esquilin et le Diadumène de Polyclète*, Gazette archéologique 3, 1877, S. 141; Adolf Michaelis, *Tre statue policletee*, Annali dell'Instituto di corrispondenza archeologica 50, 1878, S. 10–24 (der Dresdner Kopf auf S. 24 nicht als Replik erkannt). Wenige Jahre zuvor hatte Conze den Dresdner Kopf und die Kopfreplik in Kassel (Abguss in der Skulpturensammlung, Inv. ASN 3062) noch für attisch gehalten: Alexander Conze, *Beiträge zur Geschichte der griechischen Plastik*, 2. Aufl., Halle 1869, S. 11 f.
167 Der Neue Overbeck, Nr. 1222–1225.
168 Furtwängler 1893, S. 435–446.
169 Friedrich Hauser, *Polyklets Diadumenos*, Jahreshefte des Österreichischen Archäologischen Institutes in Wien 8, 1905, S. 42–51.
170 Emanuel Löwy, *Athlet oder Apollon?*, Jahreshefte des Österreichischen Archäologischen Institutes in Wien 8, 1905, S. 271 f. (mit dem irrigen Hinweis darauf, dass an der Kopie von Delos auch ein Bogen vorhanden sei); ähnlich noch Christian Kunze, *Kontextwechsel. Zur Interpretation antiker Skulpturen in unterschiedlichen Aufstellungssituationen*, in: Dietrich Boschung, Christiane Vorster (Hrsg.), *Leibhafte Kunst*, Paderborn 2015, S. 75, Anm. 57 (»als Apollon umgedeutete Kopie«).
171 Als Beispiel ist eine Umdeutung des *Dresdner Knaben* als Apollo mit Köcher anzuführen: Torso in Berlin, Antikensammlung, Inv. S. 1940; vgl. Arachne Nr. 106121.
172 Athen, Nationalmuseum, Inv. 240. – Kansteiner 2008, S. 68; Sascha Kansteiner, *Der Hermes Typus Richelieu*, Archäologischer Anzeiger 2017/2, S. 87.
173 Athen, Nationalmuseum, Inv. 244. – Stephan Lehmann, *Der bekleidete Gymnasiast – eine neue Deutung zum Jüngling von Eretria*, Antike Kunst 44, 2001, S. 18–22; Kansteiner a. O. S. 87, 94 Replik Nr. 45.
174 Zur *Ildefonso-Gruppe* vgl. hier S. 46–48.
175 ›Homerischer‹ Hymnus an den delischen Apollon, Vers 15–18.
176 Vgl. Kreikenbom 1990, Kat. V 46, Taf. 326–327. – Vorsters Datierung des Kopfes in claudische Zeit (Dresden 2011, Kat. 160) kann wegen der Augenbohrung nicht richtig sein.
177 Atlanta, Michael C. Carlos Museum, Inv. 1991.003; Madrid, Museo del Prado, Inv. E 88; Schloss Fasanerie bei Fulda.
178 Kreikenbom 1990, Kat. V 49, Taf. 331–332.
179 Vgl. oben S. 52.
180 Skulpturensammlung, Inv. Hm 72. – Friedrich Matz, Friedrich von Duhn, *Antike Bildwerke in Rom*, Bd. I, Leipzig 1881, Nr. 970; Dresden 2011, Kat. 165 (Christiane Vorster).
181 Berlin, Antikensammlung, Inv. Sk 223. – Sascha Kansteiner, Arachne Nr. 2166.
182 Vgl. Vierneisel-Schlörb 1979, S. 199 f. – Einen Apfel überliefern z. B. die Torsorepliken in Genua (Palazzo Reale) und im Giardino Caffarelli (Inv. 2289) in Rom, eine Binde die Torsoreplik in Anzio (Museo archeologico).
183 Ovid, Metamorphosen 3, 351–352.
184 Ovid, Metamorphosen 10, 176–189.
185 Vgl. Günter Grimm, *Apolls Liebling Hyakinthos*, Antike Welt 34/5, 2003, S. 503. – Das Produkt eines Restaurators ist die Gruppe in Rom (ehemals Sammlung Hope), die neben Apollon (im Typus Antium) einen kleinen, schwerlich zum Apollon gehörigen und als Hyakinthos ergänzten Knaben zeigt; vgl. Sascha Kansteiner, *Pacetti als Schöpfer von Zweifigurengruppen*, in: Angela Cipriani et al. (Hrsg.), *Vincenzo Pacetti, Roma, l'Europa all'epoca del Grand Tour*, Kolloquium Rom 2013, Rom 2018, S. 248.
186 Furtwängler 1893, S. 483–488.
187 Z. B. in Liverpool, World Museum, Inv. 53.115.11. – Frederik Poulsen, *Greek and Roman Portraits in English Country Houses*, Oxford 1923, S. 25 mit Abb. 30.
188 Lorenz 1993, S. 12, 17; Lorenz 2007, S. 244. – Vgl. bereits Lippold 1950, S. 165.
189 Quintilian, Institutio oratoria 12, 10, 8 (Der Neue Overbeck, Nr. 1258).
190 Vgl. Renate Bol in: Bol 2004, S. 145–153; Der Neue Overbeck, Nr. 1091, sub voce Kresilas.
191 Ny Carlsberg Glyptotek, Inv. 558 und Inv. 594 (hier abgebildet). – Furtwängler 1893, S. 483, Anm. 3; Paul Arndt, *La Glyptothèque Ny-Carlsberg*, München 1912, S. 83–85, Taf. 53–54; Mette Moltesen, *Ny Carlsberg Glyptotek. Imperial Rome*, Bd. III, o. O. 2005, Kat. 99–100.
192 Skulpturensammlung, Inv. Hm 88. – Vgl. Dresden 2011, Kat. 164 (Christiane Vorster); Kansteiner 2017, S. 53, 55, 89 f. (die dort vertretene Ansicht, die Kopfreplik in Liverpool sei neuzeitlichen Ursprungs, ist zu korrigieren).
193 Furtwängler 1893, S. 475–478.
194 Georg Treu in: Archäologischer Anzeiger 1889, S. 57 (Referat eines Vortrags): »In dem sogen. Dresdner Doryphoros [sc. Dresdner Knabe], dem Idolino und dem früher Westmacottschen Epheben des Britischen Museums würden jetzt mit Recht allgemein polykletische Statuen von Knabensiegern gesehen.«
195 Bei der Torsoreplik in Berlin (Antikensammlung, Inv. Sk 516) befindet sich der Ansatz für den Steg zum linken Handgelenk neben der Leistenfuge (vgl. Arachne Nr. 106188).
196 Leplat 1733, Taf. 40.
197 Inventar 1765, Bl. 19r, Nr. 160.
198 Lipsius 1798, S. 221 f., mit dem Vorschlag, im Dargestellten den »Gott des guten Ausgangs« (Bonus Eventus) zu erkennen.
199 Skulpturensammlung, Inv. ASN 2250; unpubliziert. – Zur magazinierten Skulptur (ehemals Antiquarium del

Celio, Inv. 944) vgl. Zanker 1974, S. 25 f. mit etlichen Abb.; Polyklet 1990, S. 638 f., Nr. 168 (Caterina Maderna-Lauter); Kansteiner 2017, S. 55.

200 Furtwängler 1893, S. 482.

201 Antonio Corso, *The Art of Praxiteles*, Bd. III, Rom 2010, S. 97 f. mit Abb. 78–79.

202 London, British Museum, Smith Nr. 501. – Der Dresdner Abguss: Skulpturensammlung, Inv. ASN 3011.

203 Vgl. Furtwängler 1893, S. 444–446; Lippold 1950, S. 154 (Spätwerk des Phidias).

204 Zanker 1974, S. 13 f.; vgl. Text und Skulptur 2007, S. 73 f. mit Abb.

205 Anders Zanker 1974, S. 25 (2. Jh. n. Chr.).

206 Der Dresdner Abguss (Inv. ASN 2559) zeigt die Replik, die ein Bildhauer namens Kerdon in der ersten Hälfte des 1. Jhs. v. Chr. geschaffen und signiert hat (British Museum, Smith Nr. 1667); vgl. Der Neue Overbeck, Nr. 3745. – Kerdon hat die für das Original zu erschließende Armhaltung variiert; in der Armbeuge angewinkelt war ursprünglich der linke Arm.

207 Vgl. Stephan Schröder, *Katalog der antiken Skulpturen des Museo del Prado in Madrid*, Bd. II, Mainz 2004, Kat. 179.

208 Textabb. zu Heinrich Brunn, Friedrich Bruckmann (Hrsg.), *Denkmäler griechischer und römischer Skulptur*, München 1888–1947, Taf. 647 (ehemals Rom, Konservatorenpalast); Arachne Nr. 23019 (Wilton House); Peter Stewart, *A Catalogue of the Sculpture Collection at Wilton House*, Oxford 2020, Kat. 107.

209 Vgl. Text und Skulptur 2007, S. 141, wo ich den *Paniskos* wegen seiner Haargestaltung zu spät angesetzt und in das erste Viertel des 4. Jhs. v. Chr. datiert habe.

210 Skulpturensammlung, Inv. ASN 3129. – Zum Vorbild (Wien, Kunsthistorisches Museum, Inv. I 86) siehe Christiane Vorster, *Torsorepliken des ›Leidener Pan‹*, in: Polykletforschungen 1993, S. 207, Nr. 25.

211 Vgl. Lippold 1950, S. 166.

212 Kopf in Dessau, Kulturstiftung Dessau-Wörlitz, Inv. II-46 (Höhe vom Kinn bis zum Scheitel 17 cm). – Kansteiner 2019, S. 333 mit Anm. 55; Sascha Kansteiner, *Die antiken Skulpturen aus fürstlichem Besitz im Gartenreich Dessau-Wörlitz*, Halle 2021, Kat. 4.

213 Als Hermes ergänzter Torso im Palazzo Pitti, Inv. 1914.1057.

214 Statue in Madrid, Museo del Prado, Inv. E 136. – Text und Skulptur 2007, S. 142.

215 Kopf in Mantua, Palazzo Ducale, Inv. 6709. – Kansteiner 2019, S. 333 mit Anm. 56.

216 Musée du Louvre, Inv. Ma 337 (Höhe vom Kinn bis zum Scheitel 16,5 cm), einer Torsoreplik des Dionysos Typus Baiae aufgesetzt (»Bacchus Mazarin«). – Kansteiner 2019, S. 327 mit Anm. 12.

217 Sotheby's New York 21./22. 11. 1985, Nr. 71.

218 Torso mit neuzeitlichen Ergänzungen. – Marcello Barbanera (Hrsg.), *Collezione di Antichità di Palazzo Lancellotti ai Coronari*, Rom 2008, S. 153 f., Kat. 6 (Daniela Candilio).

219 Skulpturensammlung, Inv. Hm 98 (Kopfhöhe vom Kinn bis zum Scheitel 15 cm). – Text und Skulptur 2007, S. 142.

220 Furtwängler 1893, S. 482 f. – Treu hat die Skulptur im »Saal des Polyklet« aufstellen lassen; vgl. Paul Herrmann, *Verzeichnis der antiken Original-Bildwerke*, Dresden 1915, S. 27, Nr. 98.

221 Christa Landwehr, *Die römischen Skulpturen von Caesarea Mauretaniae*, Bd. II, Mainz 2000, Kat. 105, Taf. 37. – Zu einer weiteren Umdeutung als Hermes gehörte vielleicht ein nach links gedrehter Kopf in der Ny Carlsberg Glyptotek (Inv. 2422; Kopfhöhe vom Kinn bis zum Scheitel 17 cm), dessen Frisur freilich so grob gearbeitet ist, dass sich die Abhängigkeit vom *Paniskos* nicht erweisen lässt.

222 Rom, Palazzo Pallavicini-Rospigliosi; mit neuzeitlich ergänztem Kopf. – Daniela Candilio, Matilde De Angelis d'Ossat (Hrsg.), *La collezione di antichità Pallavicini Rospigliosi*, Rom 2014, Kat. 72 (Emanuela Paribeni); Sascha Kansteiner, Rezension zu Candilio und De Angelis d'Ossat, Gnomon 89, 2017, S. 650.

223 Musée du Louvre, Inv. Ma 5135 (früher in der Sammlung von Lionardo Agostini); Höhe 1,13 m; Höhe bis zum Gliedansatz 59 cm (bei zu lang ergänzten Beinen). – Theodor Schreiber, *Unedirte* römische Fundberichte aus *italiänischen Archiven und Bibliotheken*, Leipzig 1885, S. 27 f., Nr. 15 (Notiz von Cassiano dal Pozzo); *Versailles et l'antique*, Ausst.-Kat. Versailles 2012/13, S. 98 mit Abb. (Ludovic Laugier, ohne Angabe zur Provenienz und ohne typologische Bestimmung).

224 Beroia, Archäologisches Museum. – *Eros grec*, Ausst.-Kat. Paris und Athen 1989/90, S. 65 f., Kat. 14 (Katerina Tzanavari, ohne typologische Bestimmung).

225 Skulpturensammlung, Inv. Hm 175. – *Das Albertinum vor 100 Jahren – die Skulpturensammlung Georg Treus*, Ausst.-Kat. Dresden 1994, S. 136 f. mit Abb. 126 (mit Ergänzung) und 127 (ohne Ergänzung); Dresden 2011, Kat. 230 (Joachim Raeder); Kansteiner 2019, S. 332 f., Abb. 8.

226 Vgl. Dresden 2011, Abb. S. 23 (nach Leplat) und Abb. S. 42. – Zur Armhaltung des Originals vgl. Text und Skulptur 2007, S. 142 mit Anm. 422.

Glossar

Athena Parthenos (griech.) – die jungfräuliche Göttin Athena (Athene); davon abgeleitet die Bezeichnung für ihren Tempel auf der Akropolis von Athen: Parthenón

Chiton (griech. *chitón*) – ein leichtes, von Männern und Frauen getragenes Gewand, dessen Stoff und Länge variieren konnten

Diadumenos (griech. *diadoúmenos*) – jemand, der sich eine Stirnbinde umlegt

Diskophoros (griech. *diskophóros*) – Athlet, der einen Diskus in der Hand hält

Doryphoros (griech. *doryphóros*) – Speerträger

Ephebe (griech. *éphebos*) – Jüngling

Kanon (griech. *kanón*) – gerader Stab, Richtschnur; Titel oder spätere Bezeichnung einer von Polyklet verfassten kunsttheoretischen Schrift

Karneol – gebänderte, feinkristalline Quarz-Varietät

Linea alba (lat.) – senkrecht verlaufende Bindegewebsnaht in der Bauchmitte

Naturalis historia (lat.) – Naturgeschichte; von Plinius d. Ä. im Jahr 77 n. Chr. in 37 Büchern und unter Verwendung zahlreicher älterer Quellen publizierte Enzyklopädie, in welcher vornehmlich naturwissenschaftliche Themen behandelt werden

opus nobile/opera nobilia (lat.) – in der Antike verwendete lateinische Bezeichnung für Meisterwerk(e)

Paniskos – kindlicher Pan

Pasticcio – Skulptur, deren Bildhauer die Kopie des Körpers einer bestimmten Statue mit derjenigen des Kopfes einer anderen Statue kombiniert hat

Pentelischer Marmor – der wichtigste attische Marmor, feinkörnig und häufig von Glimmeradern durchzogen; abgebaut in dem nordöstlich von Athen gelegenen Bergmassiv Pentelikon

Umdeutung – Kopie einer griechischen Statue, durch Attributswechsel oder durch das Hinzufügen eines oder mehrerer Attribute inhaltlich gegenüber dem Original verändert

Griechische Bildhauer

(in diesem Band; in der Reihenfolge ihrer Tätigkeit)

Kritios und Nesiotes (5. Jh. v. Chr.)

Myron (5. Jh. v. Chr.)

Phradmon (5. Jh. v. Chr.)

Polyklet d. Ä. (5. Jh. v. Chr.)

Phidias (5. Jh. v. Chr.)

Kresilas (5. Jh. v. Chr.)

Polyklet d. J. (4. Jh. v. Chr.)

Praxiteles (4. Jh. v. Chr.)

Lysipp (4. Jh. v. Chr.)

Kerdon (1. Jh. v. Chr.)

Apollonios (1. Jh. v. Chr.)

Sosikles (2. Jh. n. Chr.)

Literatur

Anti 1920 – Carlo Anti, *Monumenti Policletei*, Monumenti Antichi 26, 1920, Sp. 501–784

Arachne – Internet-Bilddatenbank der Universität Köln (www.arachne.uni-koeln.de)

Bol 2004. 2010 – Peter Cornelis Bol (Hrsg.), *Die Geschichte der antiken Bildhauerkunst*, Bd. II und Bd. IV, Mainz 2004 und 2010

Borbein 1982 – Adolf Borbein, *Polyklet*, Göttingische Gelehrte Anzeigen 234, 1982, S. 184–241

Der Neue Overbeck – Sascha Kansteiner et al. (Hrsg.), *Der Neue Overbeck. Die antiken Schriftquellen zu den bildenden Künsten der Griechen*, Berlin 2014

Dresden 2011 – Kordelia Knoll, Christiane Vorster, Moritz Woelk (Hrsg.), *Skulpturensammlung Dresden. Katalog der antiken Bildwerke*, Bd. II 1–2, München 2011

Einzelaufnahme(n) – Paul Arndt, Walther Amelung, Georg Lippold (Hrsg.), *Photographische Einzelaufnahmen antiker Sculpturen*, München 1893–1947

Floren 1992 – Josef Floren, *Die Amazone des Phidias*, in: Oliver Brehm, Sascha Klie (Hrsg.), *Mousikos aner*, Festschrift für Max Wegner, Bonn 1992, S. 119–141

Floren 1993 – Josef Floren, *Der Hermes des Polyklet*, in: Polykletforschungen 1993, S. 57–69

Furtwängler 1893 – Adolf Furtwängler, *Meisterwerke der griechischen Plastik*, Leipzig/Berlin 1893

Inventar 1765 – *Inventarium über sämtliche im großen Garten befindliche antique und moderne Statuën, Groupen, Busten, Köpfe u. u.* 1765, verfasst von Johann Friedrich Wacker

Kansteiner 2008 – Sascha Kansteiner, *Zur Überlieferung griechischer Knabenstatuen des 5. Jahrhunderts v. Chr.*, in: Klaus Junker, Adrian Stähli (Hrsg.), *Original und Kopie*, Kolloquium Berlin 2005, Wiesbaden 2008, S. 63–75

Kansteiner 2015 – Sascha Kansteiner, *Eine hochklassische Gruppe von Statuen des Hermes*, Jahrbuch des Deutschen Archäologischen Instituts 130, 2015, S. 133–158

Kansteiner 2016 – Sascha Kansteiner, *Eine Athletenstatue von der Hand Polyklets*, Jahrbuch des Deutschen Archäologischen Instituts 131, 2016, S. 149–170

Kansteiner 2017 – Sascha Kansteiner, *Pseudoantike Skulptur II. Klassizistische Statuen aus antiker und nachantiker Zeit*, Berlin 2017

Kansteiner 2019 – Sascha Kansteiner, *Geschlechtswechsel in der antiken Skulptur*, Archäologischer Anzeiger 2019/1, S. 325–344

Kansteiner 2021 – Sascha Kansteiner, Überlegungen zum Œuvre Polyklets, Archäologischer Anzeiger 2021/2, S. 75–94

Kreikenbom 1990 – Detlev Kreikenbom, *Bildwerke nach Polyklet*, Berlin 1990

Leplat 1733 – Raymond Leplat, *Recueil des marbres antiques qui se trouvent dans la Galerie du Roy du Pologne a Dresden*, Dresden 1733

Lippold 1950 – Georg Lippold, *Die griechische Plastik*, München 1950

Lipsius 1798 – Johann Gottfried Lipsius, *Beschreibung der Churfürstlichen Antiken-Galerie in Dresden, zum Theil nach hinterlassenen Papieren Herrn Johann Friedrich Wacker's*, Dresden 1798

Lorenz 1993 – Thuri Lorenz, *Annäherung an das Werk Polyklets*, Städel-Jahrbuch 14, 1993, S. 7–18

Lorenz 2007 – Thuri Lorenz, *Polyklet – Alterswerk und Schüler*, in: Eva Christof et al. (Hrsg.), *Potnia Theron*, Festschrift für Gerda Schwarz, Wien 2007, S. 235–245

Polyklet 1990 – Herbert Beck, Peter Bol, Maraike Bückling (Hrsg.), *Polyklet. Der Bildhauer der griechischen Klassik*, Ausst.-Kat. Frankfurt a. M., Mainz 1990

Polykletforschungen 1993 – Herbert Beck, Peter Bol (Hrsg.), *Polykletforschungen*, Berlin 1993

Text und Skulptur 2007 – Sascha Kansteiner et al. (Hrsg.), *Text und Skulptur*, Ausst.-Kat. Abgusssammlung Berlin, Berlin 2007

Vierneisel-Schlörb 1979 – Barbara Vierneisel-Schlörb, *Klassische Skulpturen des 5. und 4. Jhs. v. Chr. Glyptothek München. Katalog der Skulpturen*, Bd. 2, München 1979

Zanker 1974 – Paul Zanker, *Klassizistische Statuen*, Mainz 1974

Zöllner 1990 – Frank Zöllner, *Policretior manu – zum Polykletbild der frühen Neuzeit*, in: Polyklet 1990, S. 450–471

Impressum

Herausgeber
Staatliche Kunstsammlungen Dresden
Stephan Koja
Postfach 12 05 51
01006 Dresden
Telefon: +49 (0)351 - 49 14 2000
besucherservice@skd.museum
www.skd.museum

Goetheallee 6, 01309 Dresden

Redaktion
Sascha Kansteiner

Lektorat
Sina Volk, Sandstein Verlag

Satz und Gestaltung
Annett Stoy, Sandstein Verlag

Reprografie
Jana Neumann, Sandstein Verlag

Druck und Verarbeitung
FINIDR s. r. o., Český Těšín

Schrift
Adobe Garamond Pro

Papier
GardaMatt Art, 170 g/m²

Die Deutsche Nationalbibliothek verzeichnet diese Publikation in der Deutschen Nationalbibliografie; detaillierte bibliografische Daten sind im Internet über http://dnb.dnb.de abrufbar.

www.sandstein-verlag.de
ISBN 978-3-95498-762-7

Förderer

RAFFAELLO e.V.
Verein zur Förderung der Gemäldegalerie Alte Meister und Skulpturensammlung bis 1800

Bildnachweis
Vorwort: H.-P. Klut

Einleitung: H.-P. Klut/E. Estel

Polyklet
Abb. 1, 7: D-DAI-ROM-96Vat.579, Foto K. Anger
Abb. 2, 5, 9: H.-P. Klut/E. Estel
Abb. 3: W. Dittenberger, K. Purgold, Die Inschriften von Olympia (Berlin 1896) Nr. 162/163
Abb. 4: S. Kansteiner
Abb. 6: © Trustees of the British Museum
Abb. 10: UdK, Berlin

Katalogteil
Abb. S. 30, 31, 33, 35, 39, 42, 69, 78, 81, 92, 93: H.-P. Klut/E. Estel
Abb. S. 34, 36, 38, 40, 48, 49, 50, 51, 54, 55, 62, 66, 67, 68, 72, 73, 75 (links), 82, 83, 86, 87, 88, 90 (rechts): H. Boswank
Abb. S. 44: © Minneapolis Institute of Arts
Abb. S. 46 (rechts): D-DAI-ROM-66.1528, Foto H. Koppermann
Abb. S. 47: D-DAI-ROM-90Vat.404, Foto K. Anger
Abb. S. 52, 53 (rechts), 80 (rechts): S. Kansteiner
Abb. S. 53 (links): Forschungsarchiv, Köln: FR1218-03, Foto R. Laev
Abb. S. 57: Kunsthistorisches Institut in Florenz – Max-Planck-Institut, Foto R. Sigismondi
Abb. S. 58, 59: D-DAI-IST-R30206, 30212, 30213, Foto D. Johannes
Abb. S. 60: D-DAI-ROM-62.1866, Foto H. Koppermann
Abb. S. 64: D-DAI-ROM-68.3420, Foto G. Singer
Abb. S. 65: Ministero dei beni e delle attività culturali e per il turismo, Parco archeologico di Ercolano
Abb. S. 70: D-DAI-ROM-65.240, Foto H. Koppermann
Abb. S. 75 (rechts): D-DAI-ROM-78.2174, Foto H. Schwanke
Abb. S. 76, 77: D-DAI-ATH-NM-5321 + 5325, Foto E.-M. Czakó
Abb. S. 80 (links): P. Arndt, La Glyptothèque Ny-Carlsberg, München 1912, Taf. 53 rechts
Abb. S. 89, 90 (links): Forschungsarchiv, Köln: http://arachne.uni-koeln.de/item/marbilder/323353 + 323358